고교학점제

문미경 · 김수정

씨마스

고교 생활,
즐길 준비됐나요?

중학교에서는 정해진 과목을 공부했어요.

이제 고등학생이 된 여러분은 최소한의 필수 과목만 이수하고,

자신의 진로와 적성에 맞는 교과목을 스스로 선택하여 이수하면 됩니다.

자기주도적 진로 설계

INTRO

고교학점제의 개념, 시행 배경, 과목 구조 및 개설 유형, 선택 과목 수강 신청 절차, 고교학점제 준비 방법 등 주요 이슈를 중심으로 정리합니다.

01 고교학점제와 대입 제도의 이해

고교학점제와 2028 대입 개편안에 따라 달라지는 과목 편제와 평가 방법 등 중요 내용을 확인합니다.

02 진로 특성과 진로 탐색

진로·학업 설계를 위해 자신의 특성과 가치관에 맞는 직업을 알아보고, 관련 학과를 탐색합니다.

03 교육과정 · 고교 생활 설계

우리 학교의 교과 편제와 나의 흥미를 고려하여 나만의 교육과정을 설계하고 그에 따라 고교 생활을 계획해 봅니다.

그래, 난 『여행지리』 수업인데.
오늘은 3교시 『생활과학 탐구』 수업이야.
난 3교시에 『사회문제 탐구』 프로젝트 수업하러 가~! 이따 4교시에 미술실에서 보자.

이 책의 차례

Intro

고교학점제,
핵심만 **콕!**
알아보자.

1 고교학점제와 대입 제도의 이해

II 진로 특성과 진로 탐색

III 교육과정 · 고교 생활 설계

부록

이 책의 구성

본 워크북은 고교학점제, 2022 개정 교육과정, '2028 대학입시제도 개편안'을 철저히 분석한 후 학생들이 진로·진학 로드맵을 설계하는 데 유용한 활동과 관련 자료를 제공합니다. 활동을 진행하면서 학생 스스로 진로 목표를 점검하고, 희망 직업과 관련하여 앞으로 어떤 학과를 전공할지, 전공 학과 진학을 위해 고등학교 생활을 어떻게 꾸리고 어떤 과목을 선택해야 할지 알게 됩니다.

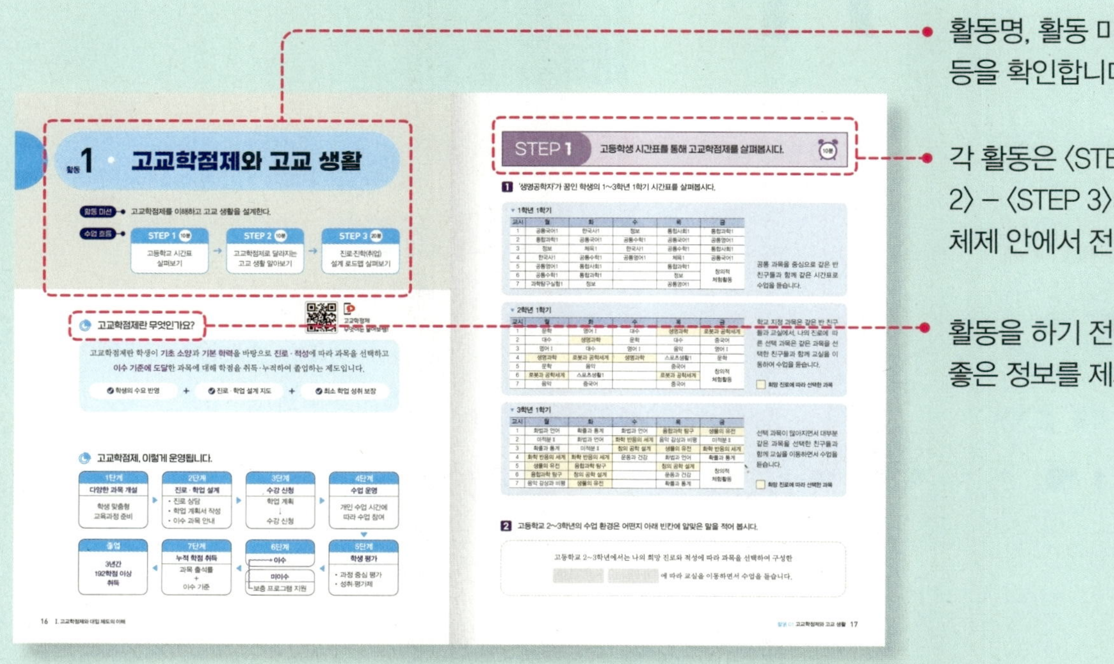

- 활동명, 활동 미션, 시간 배분 등을 확인합니다.
- 각 활동은 〈STEP 1〉 – 〈STEP 2〉 – 〈STEP 3〉의 통일된 체제 안에서 전개됩니다.
- 활동을 하기 전에 알아 두면 좋은 정보를 제시하였습니다.

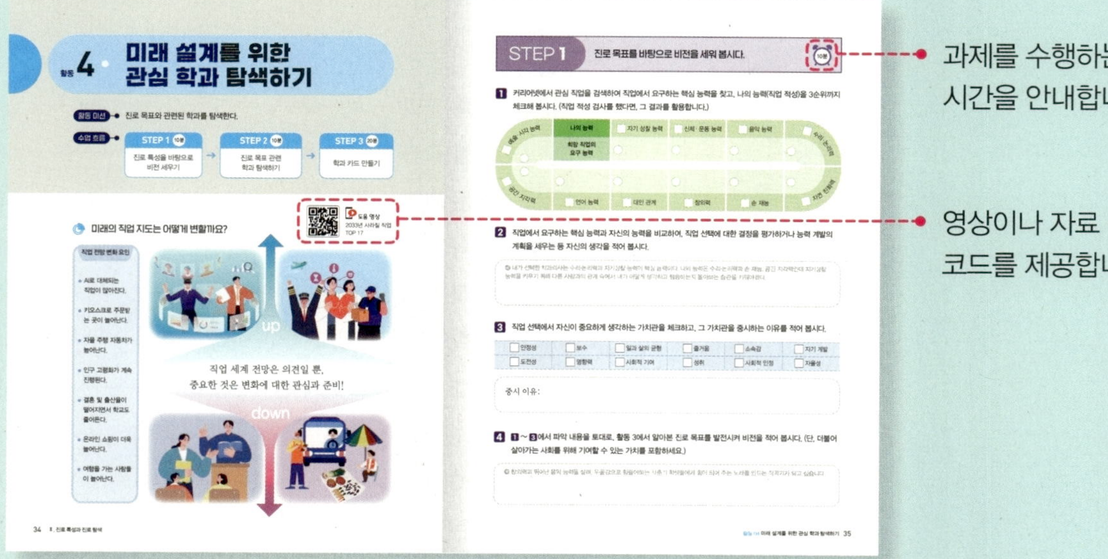

- 과제를 수행하는 데 소요되는 시간을 안내합니다.
- 영상이나 자료 검색용 QR 코드를 제공합니다.

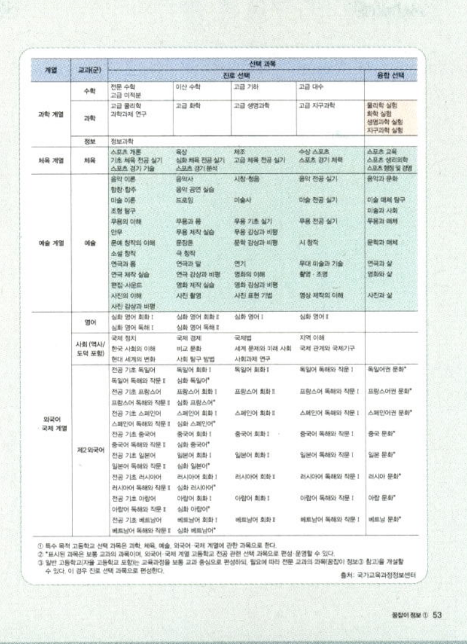

고교학점제, 2022 개정 교육과정, '2028 대학입시제도 개편안'에 관련된 다양한 자료를 제공합니다. 6개 활동을 하면서 필요한 자료를 탐색하고 분석 및 적용할 수 있습니다.

『나만의 커리어 디자인 고교학점제 워크북』 활용 가이드

- 고등학교 1학년, 진로와 학업 계획을 설계하고 선택 과목을 정하는 시기에 활용할 수 있습니다.
- 학생이 작성한 워크북은 아래 표와 같이 학생의 진로 설계와 과목 선택·학업 상담을 실시할 때 참고 자료로 활용할 수 있습니다.

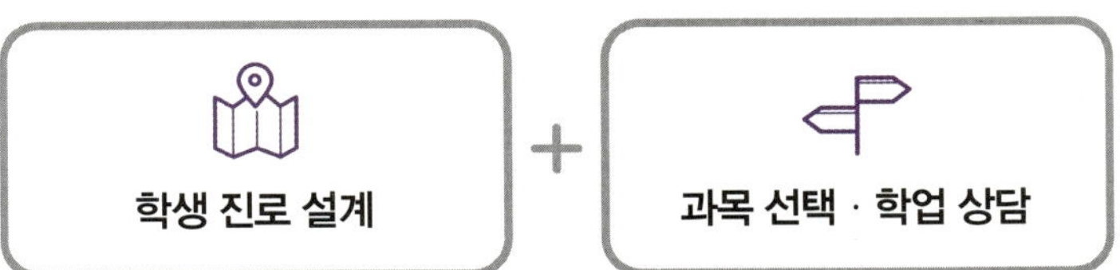

진로 · 과목 선택 · 학업 상담 절차

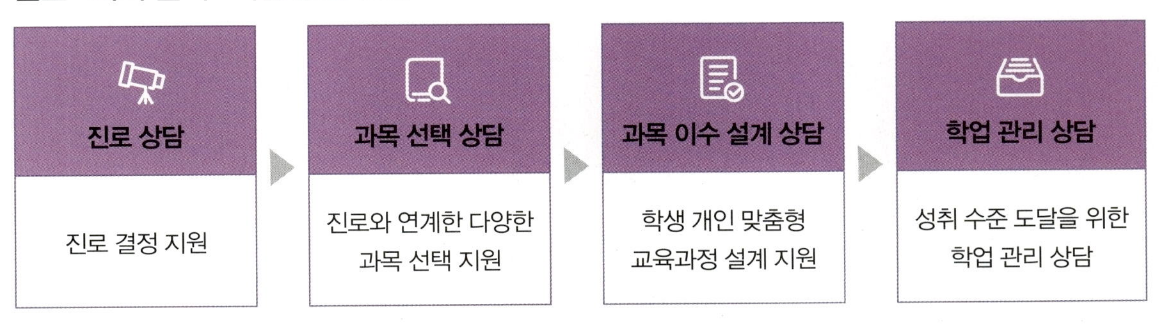

고교학점제,
핵심만  알아보자

Q1 | 고교학점제란 어떤 제도인가요?

고교학점제는 학생이 기초 소양과 기본 학력을 바탕으로 진로·적성에 따라 과목을 선택하고, 이수 기준에 도달한 과목에 대해 학점을 취득·누적하여 졸업하는 제도입니다.

— 교육부(2021)

진로에 따라 다양한 과목을 선택하는 제도입니다.

선택 과목에 대한 수요 조사를 통해 학교는 학생 개개인의 수요를 반영한 교육과정을 구성하여 수강 신청 절차를 운영하는 등 학생의 과목 선택권을 보장합니다.

학생의 진로·학업 설계를 지원하는 제도입니다.

교육과정 설명회나 박람회, 진로·진학 상담 등을 통해 학생이 진로와 연계된 학업 계획을 수립하고 책임 있게 이수할 수 있도록 체계적으로 지원합니다.

목표한 성취 수준에 도달했을 때 과목을 이수하는 제도입니다.

학생이 과목 이수 기준에 도달하여 학점을 취득할 수 있도록 책임 교육을 강화하여 기본 학력, 최소성취수준 보장을 위한 과정을 운영합니다.

미래 사회에 필요한 역량을 기를 수 있습니다.

직업 세계가 급변하는 미래 사회에서는 자신의 진로를 스스로 개척하고 자기 주도적으로 학습하는 역량이 필요합니다. 고교학점제를 통해 학생들은 자신에게 필요한 배움이 무엇인지를 찾으며 진로 개척 역량, 자기 주도적인 학습 역량과 학습 습관을 기를 수 있습니다.

> "고교학점제를 경험하면서 스스로 선택한 과목에 대해서 어렵더라도 계속 노력하고 부딪히면서, 어려움을 적극적으로 극복해 나가는 모습으로 변화해 갔다. 고교학점제를 통해 비로소 "뭐든지 해 봐야 안다."라는 말의 의미를 깨달을 수 있었다. 고교학점제는 나에게 길을 찾아갈 수 있도록 도와주는 지도와 같았다. 덕분에 나는 적성을 찾아 원하는 학과에 진학할 수 있었다."
>
> – ○○고 김○○ 졸업생(교육부, 고교학점제 수기공모전 수상작 모음집 中)

학생 개개인의 다양성을 지원할 수 있습니다.

학습의 속도가 다르고 학습의 목표도 다른 학생들을 수직적으로 서열화하는 것은 학생들의 학업 의욕을 저하시킵니다. 고교학점제는 학생 선택형 교육과정 운영을 통해 다양한 능력과 적성을 가진 학생들 개개인의 역량을 최대한 발휘할 수 있도록 지원합니다.

> "고등학교 3년간 고교학점제는 나에게 학교 수업을 바라보는 새로운 시각을 열어 주었다. 내가 원하는 교과목을 선택하여 수강하고 필요하다면 외부 주문형 강좌도 들을 수 있다는 것이 얼마나 큰 장점인지 직접 느껴 보았기 때문이다. 이를 통해 나의 희망 진로에 대한 깊이 있는 학습과 탐구를 경험할 수 있었으며, 나의 역량을 최대한으로 끌어올리는 고등학교 시절을 보낼 수 있었다. 고교학점제는 내 인생의 전환점이 되었다!"
>
> – ○○고 이○○ 졸업생(교육부, 고교학점제 수기공모전 수상작 모음집 中)

- 중학교 때까지와 달리 고등학교에서는 공통 과목과 선택 과목으로 교육과정이 구성됩니다. 다양한 선택 과목 중에 자신이 원하는 과목을 공부할 수 있도록 다양한 단위에서 지원합니다.
- 이수해야 할 교과목 수를 줄여 학습 부담을 줄인 대신 과목을 스스로 선택하고 깊이 공부할 수 있습니다.

고등학교 학사 운영 체제

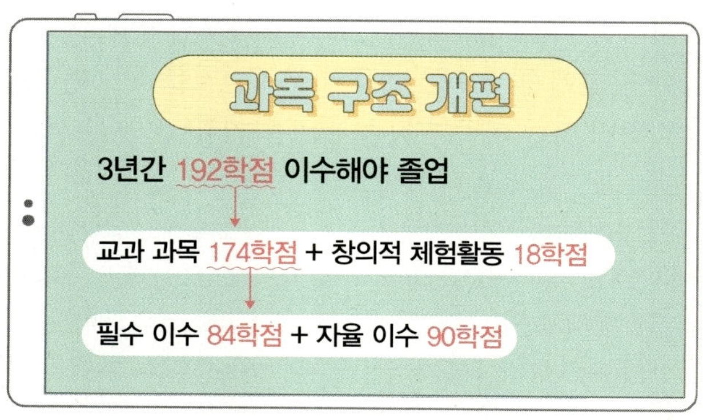

- 1학점은 50분 수업, 16회를 기준으로 합니다.
- '공통 과목', '일반 선택·진로 선택·융합 선택'으로 과목이 구성됩니다. 다양한 선택 과목을 학생들이 각자의 진로와 적성에 맞춰 선택할 수 있습니다.

다양한 과목 개설 유형

수강 신청을 진행할 때 내가 원하는 과목이 우리 학교에 개설되었는지 확인하고, 개설되지 않았다면 주변 학교, 주변 대학, 지역 사회, 온라인 등에서 찾아보고 신청해야 합니다.

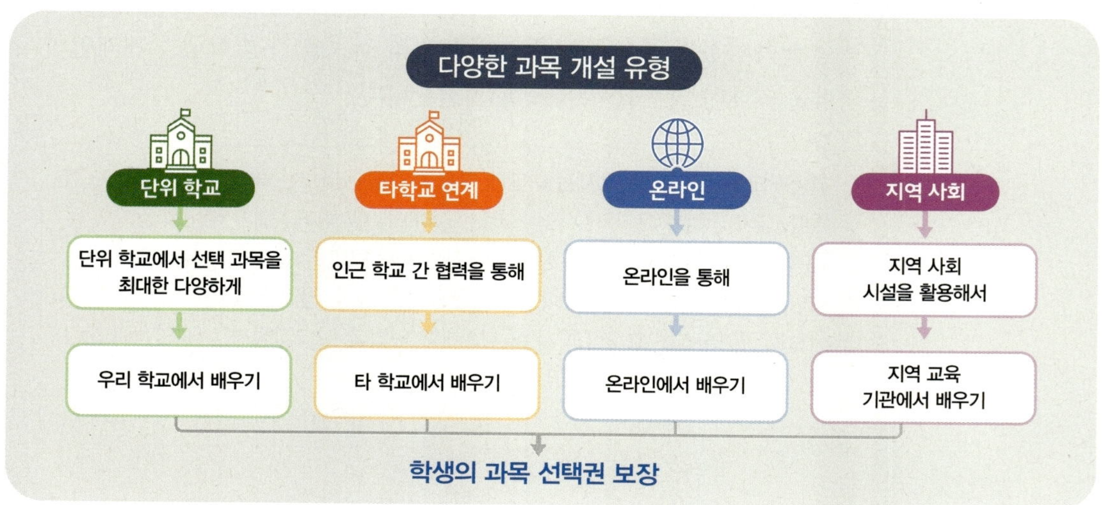

● 고교학점제는 성취 기준에 도달했는가를 평가하여 과목 이수 여부를 결정합니다. 과목 출석률이 2/3 이상이어야 하고, 학업 성취율이 40% 이상이면 이수할 수 있습니다.

🔻 최소성취수준 보장 지도

성취율	성취도	
90% 이상	A	
80% 이상 ~ 90% 미만	B	
70% 이상 ~ 80% 미만	C	
60% 이상 ~ 70% 미만	D	
40% 이상 ~ 60% 미만	E	⬆ 이수
40% 미만	I	⬇ 미이수

● 최소성취수준 보장 지도 운영 계획을 마련하여 운영합니다. 학생이 최소성취수준에 도달하지 못하면 방과 후 또는 방학 중 보충 지도 프로그램을 운영할 수 있고, 학생 수준에 맞는 개별 과제를 제시하고 학생과 지속적인 소통 및 학습 과정 관찰을 통해 성공적으로 수행할 수 있도록 지원합니다.

- 고교학점제는 학생들에게 자신의 진로와 적성에 맞는 과목 선택권을 확대한다는 취지입니다. 이를 학생 선택형 교육과정 또는 개방형 교육과정이라고 합니다.
- 학교에서 학생 선택형 교육과정을 운영하려면 다음과 같은 절차를 거치게 됩니다.

● 학생 선택형 교육과정 편성 · 운영을 위한 수강 신청 절차(예시)

사전 수요 조사	• 교육과정 설명회 진행
	• 교육과정 박람회를 통한 과목 안내 • 과목 선택에 관한 학생 상담 운영
	• 모든 선택 과목 대상 사전 수요 조사 진행
	• 수요 조사 결과 분석 • 수강 신청 대상 과목 확정 • 내년도 소요 예정 교원 수 확인 및 교육과정 편제표(안) 마련

수강 신청	• 1차 수강 신청 • 1차 수강 신청 결과 분석 • 2~3차 수강 신청 • 내년도 교육과정 편제표 확정(개설 과목 확정 등) • 수강 학생 편성

수강 신청 확정	• 내년도 교육과정 확정 • 교과서 주문

수업 운영 준비	• 수업반 편성 • 수업 시간표 작성(학생별, 교사별, 교실별) • 수업 운영 준비

● 고등학생은 학교 교육의 내용에 맞게 진로와 학업을 설계해야 합니다. 특히 2~3학년에 배울 과목을 고등학교 1학년 때 미리 선택해야 하므로 희망하는 진로와 학과에 대해 미리 고민하고 진지하게 탐색해야 합니다.

슬기로운 고교 생활 TIP

1. 고교학점제에 대한 이해도 높이기

고교학점제는 학생들에게 더 많은 선택권을 제공하지만, 동시에 준비와 계획성을 요구합니다. 따라서 고교학점제를 시행하는 고등학교 생활은 어떻게 진행될지 미리 알아보고, 그에 따라 내가 준비해야 하는 것을 생각해 보는 것이 필요합니다.

2. 나에 대한 이해도 높이기

나의 가슴을 뛰게 하는 것이 무엇인지, 무엇을 잘하고 무엇을 중요하게 생각하는지 등 자신을 이해하는 것은 진로 목표 설정의 첫걸음입니다. 자신이 원하는 것을 알면 다가올 삶에 대한 기대가 커지고 역경에 부딪혀도 이겨 내고 도전할 의지가 생깁니다.

3. 진로의 방향 설정하기

내가 정한 방향이 옳고 구체적이라면 좋겠지만 아직 어설프고 구체적이지 않아도 자신의 진로를 고민하고 탐구한 것만으로도 바람직한 시작입니다. 그리고 이 모든 노력이 앞으로 걸어가는 방향에 긍정적인 영향을 미칠 것입니다.

4. 대학의 학과와 고등학교 과목 탐색하기

자신의 진로를 확고하게 정한 경우도 있고, 막연하게 정한 경우도 있고, 전혀 정하지 못한 경우도 있을 것입니다. 각자의 상황은 다르지만 가고 싶은 학과나 배울 과목을 스스로 선택하는 것은 생애 전반에 걸쳐 삶을 설계하고 관리할 수 있는 역량을 키우는 과정입니다.

5. 적극적으로 배우고 활동하는 태도 가지기

진로 설계는 학업 수행으로 구체화됩니다. 교과 학습 내용을 수동적으로 익히는 것보다는 직접 체험하고 탐구하며 나의 관심과 관점에 적용하는 태도를 익히면 학습에 대한 흥미와 자신의 선택에 대한 자부심이 커질 것입니다.

Chapter

I

고교학점제와
대입 제도의 이해

새로운 시작!

설렘보다 급격한 변화에 어리둥절하지는 않은가요?
고교학점제, 그리고 대학입시제도 개편 내용을 확인하고
앞으로 펼쳐질 학교생활을 그려 봅니다.

활동 미션 ● 고교학점제를 이해하고 고교 생활을 설계한다.

수업 흐름 ●

STEP 1 10분	STEP 2 10분	STEP 3 20분
고등학교 시간표 살펴보기	고교학점제로 달라지는 고교 생활 알아보기	진로·진학(취업) 설계 로드맵 살펴보기

고교학점제란 무엇인가요?

고교학점제 무엇이든 물어보쌤!

> 고교학점제란 학생이 **기초 소양**과 **기본 학력**을 바탕으로 **진로·적성**에 따라 과목을 선택하고 **이수 기준에 도달**한 과목에 대해 학점을 취득·누적하여 졸업하는 제도입니다.

✔ 학생의 수요 반영 **+** ✔ 진로·학업 설계 지도 **+** ✔ 최소 학업 성취 보장

고교학점제, 이렇게 운영됩니다.

1단계 — 다양한 과목 개설
학생 맞춤형 교육과정 준비

▶ **2단계 — 진로·학업 설계**
• 진로 상담
• 학업 계획서 작성
• 이수 과목 안내

▶ **3단계 — 수강 신청**
학업 계획
↓
수강 신청

▶ **4단계 — 수업 운영**
개인 수업 시간에 따라 수업 참여

▼

5단계 — 학생 평가
• 과정 중심 평가
• 성취 평가제

◀ **6단계**
→ 이수
미이수
└ 보충 프로그램 지원

◀ **7단계 — 누적 학점 취득**
과목 출석률
+
이수 기준

◀ **졸업**
3년간 192학점 이상 취득

<table>
<tr><td style="background:#6b6b8f;color:#fff"><h1>STEP 1</h1></td><td>고등학생 시간표를 통해 고교학점제를 살펴봅시다.</td><td>
10분</td></tr>
</table>

1 '생명공학자'가 꿈인 학생의 1~3학년 1학기 시간표를 살펴봅시다.

▼ 1학년 1학기

교시	월	화	수	목	금
1	공통국어1	한국사1	정보	통합사회1	통합과학1
2	통합과학1	공통국어1	공통수학1	공통국어1	공통영어1
3	정보	체육1	한국사1	공통수학1	통합사회1
4	한국사1	공통수학1	공통영어1	체육1	공통국어1
5	공통영어1	통합사회1		통합과학1	창의적 체험활동
6	공통수학1	통합과학1		정보	창의적 체험활동
7	과학탐구실험1	정보		공통영어1	창의적 체험활동

공통 과목을 중심으로 같은 반 친구들과 함께 같은 시간표로 수업을 듣습니다.

▼ 2학년 1학기

교시	월	화	수	목	금
1	문학	영어 I	대수	생명과학	로봇과 공학세계
2	대수	생명과학	문학	대수	중국어
3	영어 I	대수	영어 I	음악	영어 I
4	생명과학	로봇과 공학세계	생명과학	스포츠생활1	문학
5	문학	음악		중국어	창의적 체험활동
6	로봇과 공학세계	스포츠생활1		로봇과 공학세계	창의적 체험활동
7	음악	중국어		중국어	창의적 체험활동

학교 지정 과목은 같은 반 친구들과 교실에서, 나의 진로에 따른 선택 과목은 같은 과목을 선택한 친구들과 함께 교실을 이동하여 수업을 듣습니다.

☐ 희망 진로에 따라 선택한 과목

▼ 3학년 1학기

교시	월	화	수	목	금
1	화법과 언어	확률과 통계	화법과 언어	융합과학 탐구	생물의 유전
2	미적분 II	화법과 언어	화학 반응의 세계	음악 감상과 비평	미적분 II
3	확률과 통계	미적분 II	창의 공학 설계	생물의 유전	화학 반응의 세계
4	화학 반응의 세계	화학 반응의 세계	운동과 건강	화법과 언어	확률과 통계
5	생물의 유전	융합과학 탐구		창의 공학 설계	창의적 체험활동
6	융합과학 탐구	창의 공학 설계		운동과 건강	창의적 체험활동
7	음악 감상과 비평	생물의 유전		확률과 통계	창의적 체험활동

선택 과목이 많아지면서 대부분 같은 과목을 선택한 친구들과 함께 교실을 이동하면서 수업을 듣습니다.

☐ 희망 진로에 따라 선택한 과목

2 고등학교 2~3학년의 수업 환경은 어떤지 아래 빈칸에 알맞은 말을 적어 봅시다.

고등학교 2~3학년에서는 나의 희망 진로와 적성에 따라 과목을 선택하여 구성한 [   ] [   ] 에 따라 교실을 이동하면서 수업을 듣습니다.

1 고교학점제 시행으로 달라지는 고등학교의 수업 방식과 학습 환경을 살펴봅시다.

다양한 수업 방식
학생 수요에 따라 다양한 과목이 개설되나, 듣고 싶은 수업이 우리 학교에 개설되지 않는다면 다른 학교, 지역 대학이나 연구 기관의 수업을 들을 수 있습니다.

   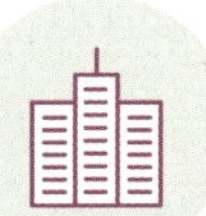

단위 학교	학교간 공동교육과정	온라인 공동교육과정	지역 사회
학교 내 학생 수요에 따른 다양한 과목 개설	학교 내 개설이 어려운 과목은 인근 학교와 공동으로 개설	온라인 공동교육과정을 통해 어디서나 희망 강의를 수강	지역 대학, 지역 사회 기관 등과 연계한 다양한 학습 기회 보장

다양한 교실 환경
학생은 개인별 시간표에 따라 교실을 이동하여 수업을 받습니다. 과목별 수업 방식이 다양하고 수강 인원이 유동적이기 때문에 다목적성, 다기능성을 가진 학습 공간이 조성됩니다.

홈베이스	자율 독서실	가변형 교실	온라인 학습실

학점 관리
과목별 출석률과 학업 성취율, 졸업 요건을 충족하기 위해 학점을 관리하여야 합니다. 과목별 평가 방식을 이해하고 이에 맞춰 학습 전략을 구상해야 합니다.

과목 이수 기준

 과목 수업 횟수의 2/3 이상 출석 +  학업 성취율 40% 이상

졸업 요건

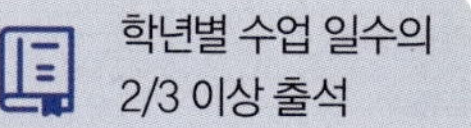 학년별 수업 일수의 2/3 이상 출석 +  3년간 192학점 이상 취득

2 STEP 1 ~ 2 내용을 바탕으로, 고교학점제에 대한 나의 생각을 한 문장으로 적어 봅시다.

"고교학점제는

이다."

1 고등학교 3개년 동안의 진로 · 진학(취업) 설계 로드맵을 확인해 봅시다.

입학

1 고교학점제 이해
고교학점제, 고등학교 교육과정,
대학입시제도 이해하기

2 진로 탐색 활동
나의 진로 특성(흥미, 성격,
적성, 가치관)과
관심 직업·학과 탐색하기

3 3개년 교육 과정 설계
나의 진로·
학과와 관련
있는 과목
탐색하고
교육과정
설계하기

6 교과 · 비교과 수업 참여
책임감을
가지고
내가 선택한
과목 열심히
공부하기

수강 신청
진로·학업 계획에 따라 일반·진로·
융합 선택 과목(공동교육과정)
선택하여 수강 신청하기

5 교육과정 상담
선생님, 부모님 등과
3개년 진로·학업 설계
상담하기

4

7 대학 진학(취업) 설계
원하는 대학(학과)의
입시 전형(취업 정보) 확인하고
준비하기

8 대학 입시(취업)
원하는 대학(취업처)에
합격하기

졸업

2 진로·진학(취업) 설계 로드맵에 따라 고등학교 3개년 동안 내가 해야 할 일을 생각하여 빈칸에 알맞은 단어를 적어 봅시다.

입학

단계	내가 해야 할 일	워크북 활동 연계
1	고교학점제, 고등학교 교육과정, 2028 대학입시제도 개편안 등을 알아보고, 내가 3개 학년 동안 이수해야 하는 총 이수 학점, 필수 이수 학점 등을 이해합니다.	활동 01, 활동 02
2	진로 탐색 활동을 통해 나의 ______ 을 알아보고, 결과를 참고하여 ______ 및 ______ 를 알아봅니다. 희망 계열(학과)의 기본 정보, 필요한 자격, 요구하는 역량, 졸업 후 진로 및 직업과 전망 등도 알아봅니다.	활동 03, 활동 04
3	나의 희망 진로 및 학과와 관련 있는 고등학교 과목을 탐색하여 나만의 고등학교 3개년 ______ 을 설계합니다. 희망 진로를 고려하여 학업 계획을 구체적으로 수립하고 신중하게 과목을 선택합니다.	활동 05
4	진로·학업 설계 과정에서 어려움을 겪거나 조언이 필요한 경우 담임 선생님, 진로 선생님, 부모님과 ______ 하여 조언을 얻습니다.	
5	학교 수강 신청 프로그램을 통해 내가 원하는 ______ 을 신청합니다. 학교에 개설되지 않은 과목은 공동교육과정으로 신청할 수도 있습니다.	
6	내가 선택한 과목을 책임감을 가지고 열심히 ______ 합니다. 성적 산출 방식, 과목 이수 기준과 졸업 요건을 사전에 잘 이해하고, 미이수되는 과목이 발생하지 않도록 관리합니다.	
7	희망하는 대학의 ______ 이나 희망하는 취업처의 ______ 를 탐색합니다. 대입 컨설팅, 대입 박람회, 모의 면접과 같은 대입(취업 지원) 프로그램에 참여하여 필요한 정보를 얻습니다.	
8	최선을 다해 대입 전형(채용 시험)을 치르고, 내가 원하는 대학(취업처)에 합격합니다.	

졸업

활동 미션 ● 2028 대학입시제도 개편안에 대해 알아보고 변화에 대비한다.

수업 흐름 ●

STEP 1 10분	STEP 2 20분	STEP 3 10분
2028 수능 개편안 살펴보기	내신 체제 개편안 살펴보기	수능, 내신 체제 변화와 학교 생활

2028 대입, 선배들의 입시와 무엇이 다른가요?

2028 대입 개편안

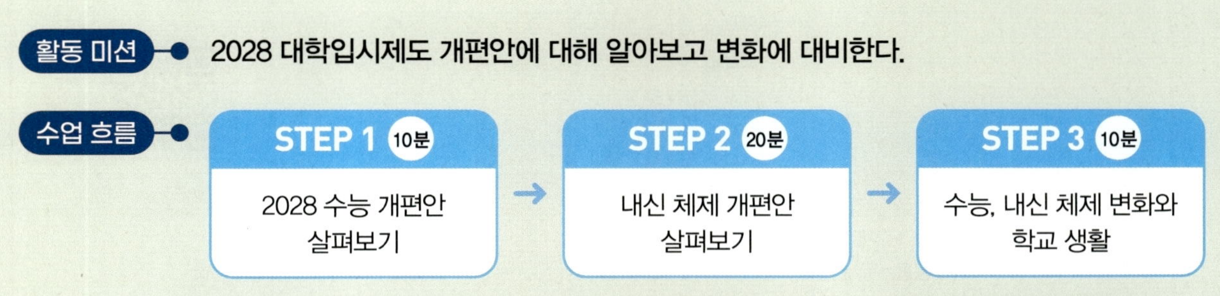

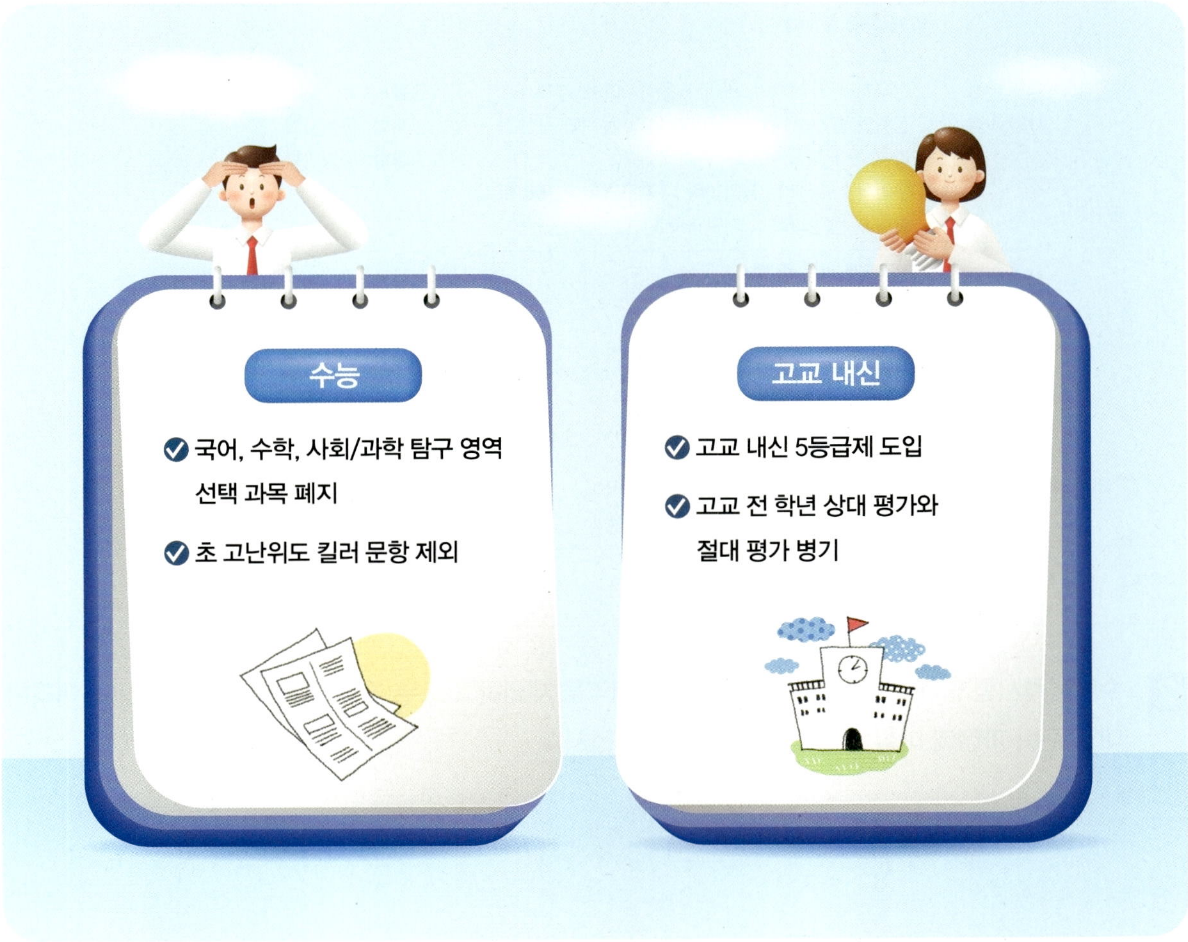

1 수능 출제 과목의 변화를 살펴봅시다.

2028학년도 수학능력시험 개편안

개편안 핵심

영역		현행(2027학년도까지 적용)	개편안(2028학년도부터 적용)
국어		**공통 + 2개 과목 중 택1** • **공통**: 독서, 문학 • **선택**: 화법과 작문, 언어와 매체	**공통** 화법과 언어, 독서와 작문, 문학
수학		**공통 + 3개 과목 중 택1** • **공통**: 수학Ⅰ, 수학Ⅱ • **선택**: 확률과 통계, 미적분, 기하	**공통** 대수, 미적분Ⅰ, 확률과 통계
영어		**공통**: 영어Ⅰ, 영어Ⅱ	**공통**: 영어Ⅰ, 영어Ⅱ
한국사		**공통**: 한국사	**공통**: 한국사
탐구	사회·과학	**17개 과목 중 택2** • **사회**: 9개 과목 한국지리, 세계지리, 세계사, 동아시아사, 경제, 정치와 법, 사회·문화, 생활과 윤리, 윤리와 사상 • **과학**: 8개 과목 물리학Ⅰ, 화학Ⅰ, 생명과학Ⅰ, 지구과학Ⅰ, 물리학Ⅱ, 화학Ⅱ, 생명과학Ⅱ, 지구과학Ⅱ	**공통** • **사회**: 통합사회 • **과학**: 통합과학
	직업	**1과목:5개 과목 중 택1** **2과목:공통 + 택1** • **공통**: 성공적인 직업생활 • **선택**: 농업 기초 기술, 공업 일반, 상업 경제, 수산·해운산업 기초, 인간 발달	**공통** 성공적인 직업생활
제2외국어/한문		**9개 과목 중 택1** 독일어Ⅰ, 프랑스어Ⅰ, 스페인어Ⅰ, 중국어Ⅰ, 일본어Ⅰ, 러시아어Ⅰ, 아랍어Ⅰ, 베트남어Ⅰ, 한문Ⅰ	**9개 과목 중 택1** 독일어, 프랑스어, 스페인어, 중국어, 일본어, 러시아어, 아랍어, 베트남어, 한문

※ ☐ 절대 평가 과목

2 수학능력시험 출제 과목이 제2외국어/한문 영역을 제외하고 모두 공통 과목으로 출제됩니다. 이러한 변화가 대입 준비 과정에 미칠 영향을 생각하여 적어 봅시다.

1　교과 성적 산출과 대학에 제공하는 정보를 살펴봅시다.

교과 성적 산출 및 대학 제공 정보

구분	절대 평가		상대 평가	통계 정보		
	원점수	성취도	석차 등급	성취도별 분포 비율	과목 평균	수강자 수
보통 교과	○	A·B·C·D·E	5등급	○	○	○
사회 · 과학 융합 선택	○	A·B·C·D·E	–	○	○	○
체육 · 예술/ 과학탐구실험	–	A·B·C	–	–	–	–
교양	–	P	–	–	–	–
전문 교과	○	A·B·C·D·E	5등급	○	○	○

2　고교 내신 체제 개편의 핵심은 무엇일지 빈칸에 알맞은 내용을 적어 봅시다.

▶ 내신 9등급제를 폐지하고 　　　　　　　　　　 로 개편한다.

▶ 모든 과목에 절대 평가(A~E)와 상대 평가 　　　　　　　　　 성적을 병기한다.

※ 체육·예술/과학탐구실험/교양/사회·과학 융합 선택 과목은 석차 등급을 기재하지 않는다.

3　2025학년도 1학년부터 적용되는 내신 등급제에 따른 변화를 생각하여 빈칸에 알맞은 내용을 적어 봅시다.

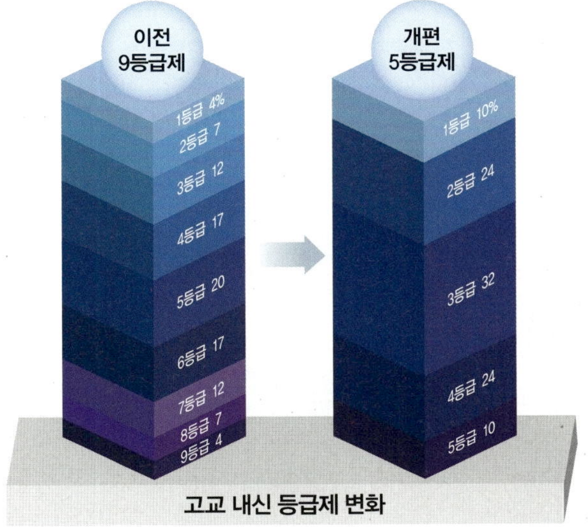

4 교과 성적 산출에 대한 OX 퀴즈를 풀어 봅시다.

교과 성적 산출 ○✕ 퀴즈

- 보통 교과 과목은 모두 절대 평가와 상대 평가 성적을 병기한다.   ○ ✕
- 사회 · 과학 융합 선택 과목은 절대 평가로만 성적을 산출한다.   ○ ✕
- 체육 · 예술 · 과학탐구실험 과목은 3등급제 상대 평가를 한다.   ○ ✕
- 보통 교과 과목 중에서 성적을 산출하지 않는 과목이 있다.   ○ ✕
- 전문 교과 과목은 절대 평가와 상대 평가 성적을 병기한다.   ○ ✕

5 꿈잡이 정보 ①(52쪽)을 보면서 다음 질문에 해당하는 과목명을 적어 봅시다.

국어 교과(군)의 일반 선택 과목이면서 수능 출제 과목에 해당하는 것은 무엇인가요?
수학 교과(군)의 일반 선택 과목이면서 수능 출제 과목에 해당하는 것은 무엇인가요?
영어 교과(군)의 일반 선택 과목이면서 수능 출제 과목에 해당하는 것은 무엇인가요?
사회 교과(군)의 과목 중에서 상대 평가를 하지 않는 과목은 무엇인가요? (세 과목만 골라 적어 봅시다.)
과학 교과(군)의 과목 중에서 상대 평가를 하지 않는 과목은 무엇인가요? (세 과목만 골라 적어 봅시다.)
교과 성적을 산출하지 않는 과목 중에서 관심 있는 과목 세 가지는 무엇인가요?

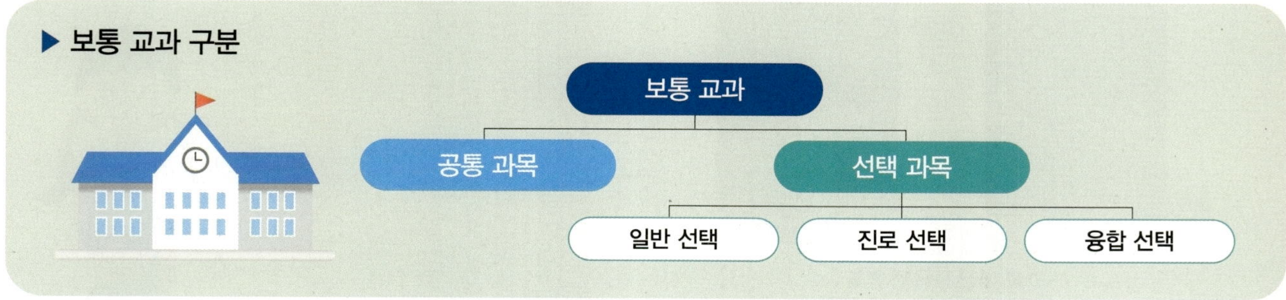

1 대학입시제도의 변화에 따라 대입 전형과 고등학교 생활은 어떻게 달라질지 추측하여 적어 봅시다.

도움말   정답이 있는 문항이 아니므로, 나의 생각을 가볍게 적어 봅니다.

대입 전형	고등학교 생활
예 대학에서는 수학능력시험과 내신 성적의 변별력이 떨어진다고 판단하여 우수한 학생을 선발하기 위해 다양한 학생 평가 방법을 마련할 것이다.	예 내신 성적 평가에 변별력이 떨어지면서 교과 활동이 활발해질 것이다. 절대 평가로만 성적을 산출하는 사회·과학 교과(군) 융합 선택 과목의 부담이 적어질 것이다.
나의 생각:	나의 생각:

2 예상되는 변화에 따라 고등학교 생활 중에 내가 할 수 있는 것을 생각하여 적어 봅시다.

대입 전형	고등학교 생활
예 나의 진로에 맞게 3개년 동안의 계획을 세우고 성적뿐만 아니라 비교과 영역에서도 다양한 활동을 하기 위해 노력할 것이다.	예 교과 활동에 열심히 참여하여 다양한 역량을 키울 것이다. 학습 플래너를 작성하여 시간 관리를 철저히 할 것이다.
나의 계획:	나의 계획:

3 **1**과 **2**에서 작성한 것을 모둠원들과 공유하고, 모둠원의 상상이나 계획 중에서 가장 인상적인 내용을 적어 봅시다.

가장 인상적인 내용	
인상적인 이유	

II

진로 특성과 진로 탐색

진로와 학업 설계의 첫걸음!

무엇을 하고 싶은가, 무엇을 할 것인가를 포함하여
자신을 아는 것은 진로 계획의 나침반입니다.
자신의 성격, 가치관, 적성을 고려하여
희망 직업 및 학과 정보를 탐색합니다.

활동 3 ● **진로 목표 설정하기**

활동 4 ● **미래 설계를 위한 관심 학과 탐색하기**

활동 3 · 진로 목표 설정하기

진로 특성이 무엇인가요?

사람은 누구나 자기만의 특성이 있습니다.
그 특성 중에서 특히 직업 선택이나 직업 생활에
영향을 미치는 것을 진로 특성이라고 합니다.
진로 목표를 정하려면 맨 처음 자신의 진로 특성을
알아봐야 합니다.

진로 특성에는 무엇이 있나요?

흥미
어떤 일에 대한 개인의 관심 및
선호 정도. 흥미에 맞는 진로를 선택할 때
직업 만족도가 높아짐.

직업 흥미 검사, 홀랜드 검사 등

적성
특정 영역에서 능력을 발휘하는 잠재적인
가능성. 선천적인 경향과 학습을 통해
발달시킬 수 있는 능력을 포함.

직업 적성 검사, 다중 지능 검사 등

진로 특성

성격
개인의 행동, 감정, 사고 방식을 특징짓는
고유한 패턴. 직업에서의 상호 작용
방식과 업무 수행 스타일에 영향을 줌.

MBTI 검사 등

가치관
개인이 삶에서 중요하다고 여기는 신념이나
원칙으로, 직업 선택의 중요 기준임.
개인의 우선순위와 삶의 방향을 결정함.

직업 가치관 검사 등

MBTI 간이 검사를 통해 나의 성격 유형을 파악해 봅시다.

10분

1 01 ~ 04의 질문에 대하여 나와 더 가까운 항목에 ✔표시를 해 봅시다. ✔표시가 더 많은 쪽이 나의 성격 유형입니다.

외향형 E (개)	01 나의 에너지 방향은?	내향형 I (개)
☐ 활동할 때 에너지가 생긴다. ☐ 다양한 사람들과 관계를 맺는 편이다. ☐ 글보다는 말로 표현하는 것을 좋아한다. ☐ 활동적이고 생동감이 넘치는 편이다. ☐ 물리적인 활동 범위가 비교적 넓다.		☐ 혼자 조용히 있을 때 에너지가 생긴다. ☐ 소수의 사람과 밀접한 관계를 맺는 편이다. ☐ 말보다는 글로 표현하는 것을 좋아한다. ☐ 주변에서 차분하다고 평가한다. ☐ 물리적인 활동 범위가 비교적 좁다.
감각형 S (개)	02 나의 정보 수집 방식은?	직관형 N (개)
☐ 내가 직접 경험하는 것을 좋아한다. ☐ 숲보다는 나무를 보는 편이다. ☐ 실용적인 것을 좋아하고 현실적이다. ☐ 예의가 바르고 일처리를 세심하게 진행한다. ☐ 구체적이고 사실적인 표현을 잘한다.		☐ 새로운 생각과 새로운 시도를 좋아한다. ☐ 나무보다는 숲을 보는 편이다. ☐ 미래를 중요하게 생각한다. ☐ 상상력이 풍부해 아이디어가 다채롭다. ☐ 은유나 비유적으로 표현한다.
사고형 T (개)	03 나의 판단 방식은?	감정형 F (개)
☐ 객관적 사실, 원칙과 규범을 중시한다. ☐ 논리적이고 분석적인 것에 중점을 둔다. ☐ 공정성을 중시하여 맞다–틀리다를 기준으로 생각한다. ☐ 직접적이고 건설적인 조언을 하는 편이다. ☐ 지적 능력을 발휘하는 논리와 추론 분야를 좋아한다.		☐ 상황이나 개인의 감정을 중요하게 생각한다. ☐ 나에게 어떤 의미인가를 중요하게 생각한다. ☐ 사람들의 관계와 조화를 중시하며, 좋다–나쁘다를 기준으로 생각한다. ☐ 공감 능력이 뛰어나다. ☐ 다른 사람을 돕는 일을 좋아한다.
판단형 J (개)	04 나의 생활 방식은?	인식형 P (개)
☐ 빠르고 합리적으로 판단한다. ☐ 목적 의식이 뚜렷한 편이다. ☐ 조직적이고 체계적으로 행동하는 경향이 있다. ☐ 약속 시간을 정확히 지키는 것을 좋아하며 결정을 번복하지 않는 편이다. ☐ 해야 할 일을 먼저 한다.		☐ 상황에 맞추어 행동한다. ☐ 모험이나 변화를 추구하는 편이다. ☐ 매사에 호기심이 많다. ☐ 계획을 맞추기보다 상황에 맞게 행동하는 경향이 있다. ☐ 먼저 재미있는 일을 한 후에 할 일을 한다.

2 01 ~ 04에서 확인한 나의 성격 유형을 4개의 알파벳으로 적어 봅시다. 그리고 'MBTI 유형별 성격 특징과 관련 직업(30쪽)'에서 나의 성격 특성과 관련 직업을 확인해 봅시다.

01   02   03   04

• 성격적 특성:

• 관련 직업 중 관심이 가는 직업:

MBTI 유형별 성격 특징과 관련 직업

ISTJ 세상의 소금형

조용하고 신중하며 현실적이고 책임감이 강함. 해야 할 것을 잘 결정하고 흐트러짐 없이 꾸준히 함.

관련 직업 도시개발기술자, 경찰, 회계사, 교사, 경영컨설턴트, 병리학 의사 등

ISFJ 충성형

조용하고 다정하며 세심함. 자신이 해야 할 일을 성실하게 하며, 자신에게 중요한 사람들에게 관심이 많음.

관련 직업 간호사, 사무관리자, 헤어디자이너, 항공공학자, 영양사, 유치원교사 등

INFJ 예언자형

사람이나 사물을 깊이 살피고 파악하는 능력이 있음. 자신이 원하는 목표를 이루기 위해 사람을 모으고 이끌어 감.

관련 직업 순수예술가, 목사, 의사, 심리학자, 상담사, 약사, 마케팅 전문가 등

INTJ 과학자형

새로운 것을 생각해 내거나 만들어 내는 능력이 있음. 복잡한 문제를 잘 분석하며 자신의 아이디어를 이루고자 노력함.

관련 직업 건축가, 변호사, 컴퓨터 전문가, 법조인, 사회봉사자, 과학자, 장교 등

ISTP 백과사전형

상황을 유연하게 관찰하지만 문제가 발생하면 실행 가능한 해결책을 찾기 위해 빠르게 움직임.

관련 직업 치과위생사, 요리사, 언론매체 전문가, 컴퓨터 프로그래머, 변호사, 농부 등

ISFP 성인군자형

조용하고 다정하며 친절함. 가까운 사람을 소중히 여기며 다른 사람과 부딪치고 맞서는 것을 싫어함.

관련 직업 조사연구원, 레크리에이션지도자, 건강교육지도자, 경찰, 아동보육사 등

INFP 잔 다르크형

자신이 소중히 여기는 사람과 가치에 충성하는 편. 호기심이 많고 다른 사람들의 능력 발휘를 도움.

관련 직업 정신과 의사, 사회과학자, 작가, 실험실 기사, 작곡가, 생물학자 등

INTP 아이디어 뱅크형

다른 사람과의 관계보다는 아이디어에 관심이 많으며 관심 분야의 문제를 해결하기 위해 집중함.

관련 직업 화학자, 시스템엔지니어, 생명공학자, 상담가, 대학교수, 배우 등

ESTP 활동가형

현재 일어나는 일에 관심이 많고 활동적인 일을 좋아함. 설명을 듣기보다 실제 경험을 통해 배우는 것을 좋아함.

관련 직업 도시개발기술자, 경찰, 회계사, 교사, 경영컨설턴트, 병리학 의사 등

ESFP 사교가형

융통성이 있고 자발적이며, 새로운 사람과 환경에 빨리 적응함. 사람들과 함께 경험을 통해 학습함.

관련 직업 운송업 종사자, 도서관 직원, 유치원교사, 영업사원, 부동산중개업자 등

ENFP 스파크형

열정적이고 따뜻하며 상상력이 풍부함. 다른 사람들에게 칭친받기를 원하며 감사와 지지를 잘 표현함.

관련 직업 심리치료사, 미술교사, 언론인, 작가, 연예인, 사회복지사 등

ENTP 발명가형

새로운 문제를 해결하는 것을 좋아하며 반복되는 것을 지루해함. 다양한 분야에 관심이 많고 관심 분야가 자주 바뀜.

관련 직업 사진사, 연구원, 과학자, 배우, 전기기술자, 마케팅 전문가, 언론인 등

ESTJ 사업가형

일에 대한 결정을 빠르게 내리고 실천도 빠른 편. 자신이 계획한 것을 다른 사람들도 따라 주기를 원함.

관련 직업 판사, 경호원, 광고작가, 은행원, 형사, 관리자, 학교장 등

ESFJ 친선 도모형

다른 사람이 필요로 하는 것을 잘 알아채고 도움. 작은 일도 성실하게 해내며 다른 사람에게 인정받기를 원함.

관련 직업 언어병리학자, 교사, 사회복지사, 형사, 메이크업아티스트, 방사선기사 등

ENFJ 언변 능숙형

따뜻하고 활발하며 책임감이 강함. 다른 사람과 소통을 잘하고 사람을 다루는 분야에서 능력을 발휘함.

관련 직업 외국어 교사, 도서관사서, 디자이너, 종교 종사자, 상담사 등

ENTJ 지도자형

솔직하며 결단력 있고 타인을 이끌고자 함. 문제 파악이 빠르고 문제 해결을 위한 포괄적인 시스템을 개발하고 수행하는 편.

관련 직업 변호사, 시스템엔지니어, 판매관리자, 경영컨설턴트, 생물학자 등

출처: 한국MBTI연구소, 한국심리검사연구소

1 생성형 AI를 활용하는 과정을 확인해 봅시다.

스마트폰으로 인터넷에 접속하여 사용할 생성형 AI를 검색합니다.	생성형 AI 홈페이지에 접속합니다.	오른쪽 상단의 더보기(⋮)를 열어 '홈화면에 추가'를 선택합니다.
앱을 설치하고 창을 닫으면 홈 화면에서 생성형 AI에 바로 접속할 수 있습니다.	생성형 AI를 열어 프롬프트 창에 대화형 질문을 입력합니다.	생성된 답변을 확인합니다.

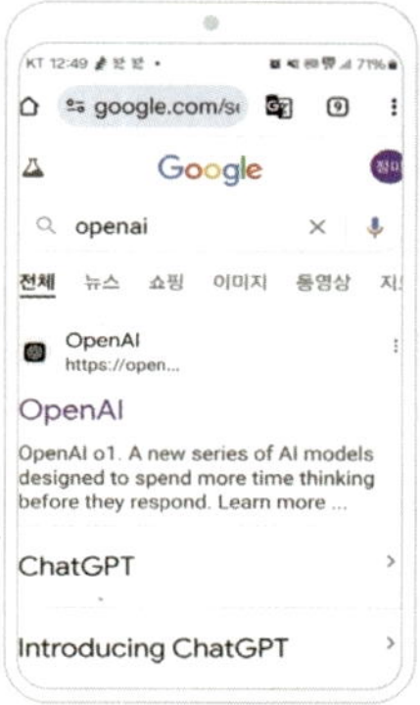

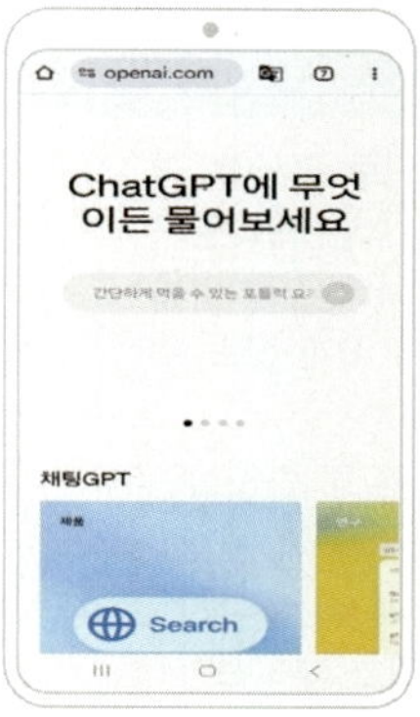

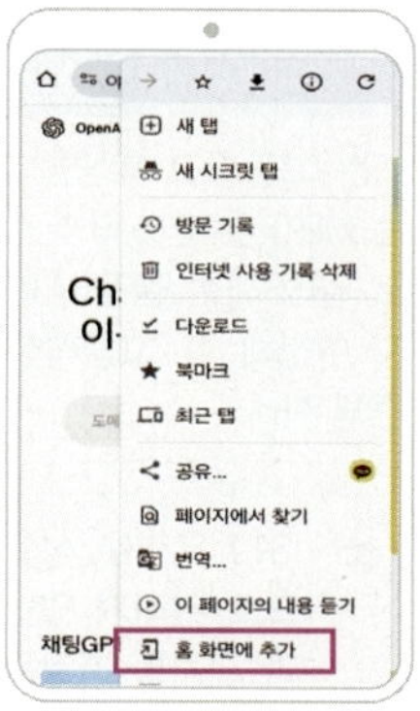

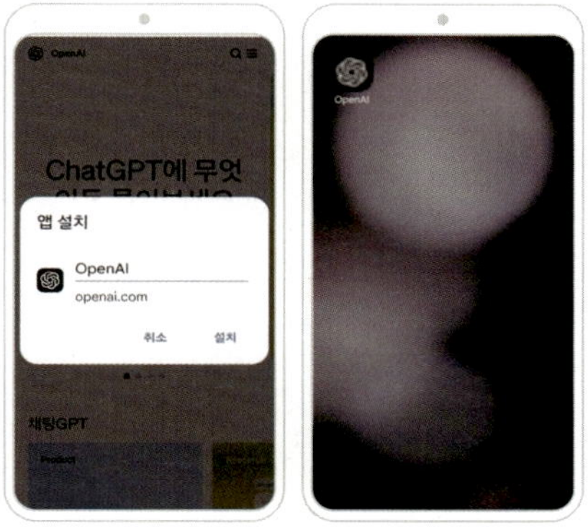

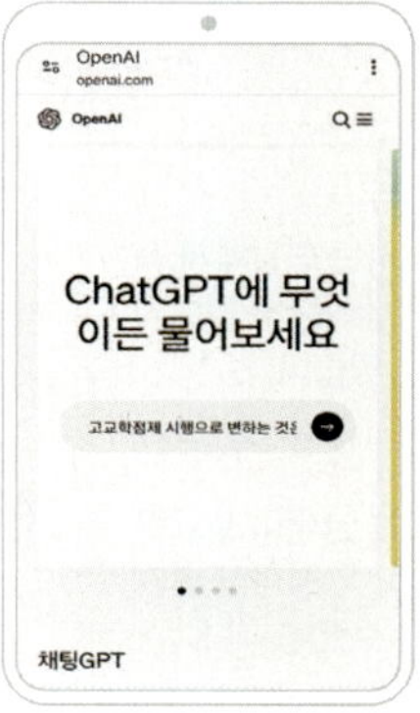

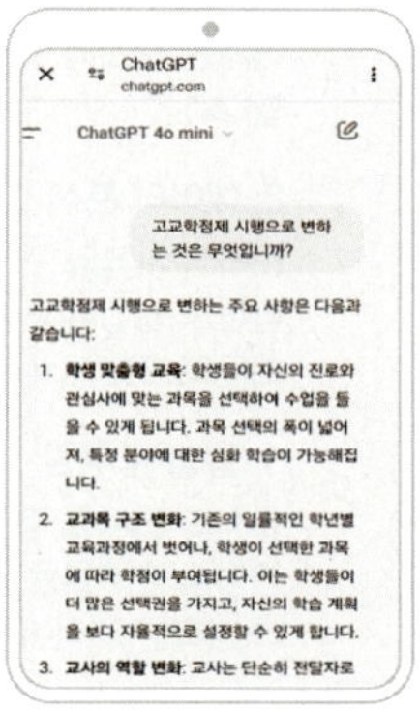

2 생성형 AI를 사용할 때 주의할 점을 점검하고, 알고 있는 항목에 ✔표시를 해 봅시다.

1	사용 연령 제한이 있는지(13세 혹은 18세) 확인하여야 한다.	☐
2	개인을 특정할 수 있는 정보는 입력하지 말아야 한다.	☐
3	생성형 AI 로그온 설정시 본인의 계정 보안에 신경 써야 한다.	☐
4	생성형 AI가 생성하는 정보가 항상 정확한 것은 아니므로, 확인과 검증을 거쳐 신뢰할 수 있는 정보를 선택해야 한다.	☐
5	가짜 뉴스나 스팸 등 사실이 아닌 정보, 부정확한 것이나 조작된 내용을 입력하지 않아야 한다.	☐
6	다른 사람의 권리를 침해하거나 명예를 훼손하는 내용을 입력하거나 요청하지 않아야 한다.	☐
7	생성형 AI의 결과물을 활용할 때 생성형 AI 모델, 프롬프트 내용, 생성형 AI 플랫폼 등을 밝혀 출처를 표기하는 것이 좋다.	☐

3 생성형 AI를 활용할 때에 보다 정확한 결과를 얻기 위한 프롬프트 작성 방법을 알아봅시다. 이 방법에 따라 생성형 AI를 활용하여 나의 성격에 맞는 직업을 탐색해 봅시다.

생성형 AI 프롬프트 작성 방법과 예시	
인공 지능에게 역할을 부여하기	예 고등학교 학생들에게 진로를 상담해 주는 진로 교사
검색 목적을 정확하게 표현하기	예 MBTI 유형에 따른 직업 탐색
충분한 정보를 간결하고 명확하게 표현하기	예 ISTJ형으로 일에 대한 결정이 빠른 편
구체적인 대답 방법과 결과의 형식 지정하기	예 고등학생 수준에서 이해할 수 있게 정리

	예시	나의 활동
질문	너는 고등학교 학생들에게 진로를 상담해 주는 진로 교사야. 나는 MBTI 유형에 따라 직업을 탐색하려고 하는데, 나는 ISTJ형으로 일에 대한 결정이 빠른 편이야. 어떤 직업이 나에게 잘 맞을지 추천해 줘. 고등학생이 이해할 만한 수준으로 10개 정도 추천해 줘.	
결과	ISTJ 유형은 성실하고 체계적이며, 책임감이 강한 성격으로 알려져 있습니다. 일을 효율적으로 처리하고 규칙과 절차를 따르는 것을 선호하며, 논리적이고 분석적인 사고를 바탕으로 실용적인 해결책을 찾는 데 강점을 보입니다. 이런 특성에 잘 맞는 직업들은 다음과 같습니다. **1. 회계사** ISTJ는 세부 사항에 주의를 기울이고 정확한 데이터 처리를 선호하기 때문에 회계나 재무 관련 직업이 적합니다. 이 직업에서는 숫자와 규칙을 기반으로 정확한 계산과 분석이 필요합니다. **2. 데이터 분석가** 논리적 사고와 구조화된 데이터 처리를 선호하는 ISTJ에게 적합한 직업입니다. 데이터를 기반으로 결정을 내리는 역할이기 때문에 ISTJ의 체계적인 성향이 빛을 발할 수 있습니다. **3. 행정 공무원** 규칙과 절차를 준수하면서 체계적으로 일하는 능력이 필요한 행정직 공무원은 ISTJ에게 적합한 직업입니다. 안정적인 환경과 명확한 규칙이 있어 ISTJ가 편안하게 일할 수 있습니다. **4. 법률 관련 직업(변호사, 법무사 등)** 법적 절차를 따르고 규정을 엄격하게 준수해야 하는 법률 분야는 ISTJ에게 적합한 직업입니다. 안정적인 환경과 명확한 규칙이 있어 ISTJ의 책임감과 세부적인 업무 처리 능력을 활용할 수 있는 좋은 분야입니다. **5. 엔지니어** 특히 시스템이나 공정 설계를 담당하는 분야의 엔지니어는 ISTJ가 체계적으로 문제를 해결하고 논리적으로 사고하는 능력을 발휘할 수 있습니다. **6. 군인 또는 경찰** 구조와 규율을 중시하는 군대나 경찰은 ISTJ에게 잘 맞는 분야입니다. 이 직업은 명확한 규칙을 따르고, 체계적으로 움직이며, 신속한 결단력이 필요한 환경입니다.	

1 STEP2에서 탐색한 직업 중에서 관심이 가는 직업 3가지를 고르세요. 〈보기〉의 과정을 거쳐 관심 직업에 대한 정보를 정리해 봅시다.

보기
- STEP2에서 질문한 채팅창에 질문을 추가해 봅시다. ① ○○○은 어떤 일을 하는가?
  ② 직업 전망은 어떤가?
- 탐색 결과를 커리어넷 내용과 비교하며 확인해 봅시다.

관심 직업	하는 일	직업 전망

2 관심 직업 탐색 결과를 토대로 관심 직업을 다음의 선택 기준으로 평가해 봅시다.

관심 직업	(매우 그렇다 5 - 보통이다 3 - 그렇지 않다 1)					합계
	좋아하는 일인가?	잘 할 수 있는가?	나의 가치관에 맞는가?	내 성격에 맞는가?	직업 전망은 밝은가?	

3 **2**의 평가를 참고하여 잠정적인 진로 목표(직업)를 세워 봅시다.

진로 목표 (직업)	

미래 설계를 위한 관심 학과 탐색하기

활동 미션 ● 진로 목표와 관련된 학과를 탐색한다.

수업 흐름 ●

STEP 1 10분	STEP 2 10분	STEP 3 20분
진로 특성을 바탕으로 비전 세우기	진로 목표 관련 학과 탐색하기	학과 카드 만들기

▶ 도움 영상
2033년 사라질 직업 TOP 17

미래의 직업 지도는 어떻게 변할까요?

직업 전망 변화 요인

- AI로 대체되는 직업이 많아진다.

- 키오스크로 주문받는 곳이 늘어난다.

- 자율 주행 자동차가 늘어난다.

- 인구 고령화가 계속 진행된다.

- 결혼 및 출산율이 떨어지면서 학교도 줄어든다.

- 온라인 쇼핑이 더욱 늘어난다.

- 여행을 가는 사람들이 늘어난다.

직업 세계 전망은 의견일 뿐,
중요한 것은 변화에 대한 관심과 준비!

진로 목표를 바탕으로 비전을 세워 봅시다.

1 커리어넷에서 관심 직업을 검색하여 직업에서 요구하는 핵심 능력을 찾고, 나의 능력(직업 적성)을 3순위까지 체크해 봅시다. (직업 적성 검사를 했다면, 그 결과를 활용합니다.)

예술·시각 능력	나의 능력	☐ 자기 성찰 능력	☐ 신체·운동 능력	☐ 음악 능력	수리·논리력
☐	희망 직업의 요구 능력	○	○	○	☐
☐	○	○	○	○	☐
공간 지각력	☐ 언어 능력	☐ 대인 관계	☐ 창의력	☐ 손 재능	자연 친화력

2 직업에서 요구하는 핵심 능력과 자신의 능력을 비교하여, 직업 선택에 대한 결정을 평가하거나 능력 계발의 계획을 세우는 등 자신의 생각을 적어 봅시다.

> 예 내가 선택한 치과의사는 수리·논리력과 자기성찰 능력이 핵심 능력이다. 나의 능력은 수리·논리력과 손 재능, 공간 지각력인데 자기성찰 능력을 키우기 위해 다른 사람과의 관계 속에서 내가 어떻게 생각하고 행동하는지 돌아보는 습관을 키워야겠다.

3 직업 선택에서 자신이 중요하게 생각하는 가치관을 체크하고, 그 가치관을 중시하는 이유를 적어 봅시다.

☐ 안정성	☐ 보수	☐ 일과 삶의 균형	☐ 즐거움	☐ 소속감	☐ 자기 계발
☐ 도전성	☐ 영향력	☐ 사회적 기여	☐ 성취	☐ 사회적 인정	☐ 자율성

> 중시 이유:

4 **1** ~ **3** 에서 파악한 내용을 토대로, 활동 3에서 알아본 진로 목표를 발전시켜 비전을 적어 봅시다. (단, 더불어 살아가는 사회를 위해 기여할 수 있는 가치를 포함하세요.)

> 예 창의력과 뛰어난 음악 능력을 살려, 우울감으로 힘들어하는 사춘기 학생들에게 힘이 되어 주는 노래를 만드는 작곡가가 되고 싶습니다.

1 진로 목표와 관련된 학과(계열) 정보를 커리어넷에서 탐색해 봅시다.

도움말 커리어넷 〉 학과정보

진로 목표	
관련 학과 (계열)	

2 관련 학과 중 관심 있는 학과를 세 개 고르고, [학과개요]를 살펴 의미가 있다고 생각되는 정보를 적어 봅시다.

학과 1: _______________	학과 2: _______________	학과 3: _______________

3 [학과전망]에서 취업률, 졸업 후 첫 직업 분야, 첫 직장 월 평균 임금 등을 적어 봅시다.

	학과 1: _______________	학과 2: _______________	학과 3: _______________
취업률			
졸업 후 진출 분야			
첫 직장 월 평균 임금			

1 STEP2에서 탐색한 학과 정보를 토대로 '내맘대로 학과 카드'를 만들어 봅시다.

- 학과명, 학과 개요 등의 필수 내용을 적습니다.
- 적성과 흥미, 관련 직업, 전망 등 자신이 관심 있는 분야를 추가합니다.

앞면

반려동물학과

반려동물의 간호, 미용, 관리 등 실무적인 내용을 배움. 반려동물과 관련한 직업 및 산업 분야에 종사할 현장 실무 인력 양성

연관 학과
동물자원학과, 바이오동물과

관련 직업
반려동물미용사, 수의간호사, 애완동물관리사, 애완동물훈련사

대학 커리큘럼
동물해부생리학, 애완동물영양학, 동물간호학, 애완동물훈련, 동물질병학

뒷면

연관 고교 교과
통합과학, 생명과학, 세포와 물질대사, 생물의 유전, 융합과학 탐구, 현대사회와 윤리, 사회문제 탐구, 윤리문제 탐구

도움되는 진로 탐색 활동
반려동물 키우기, 반려동물 박람회 참가하기, 생물 관련 동아리 활동, 생물 관련 독서

흥미와 적성
동물에 대한 관심, 자연이나 동물과의 공존에 친숙, 동물 간호 · 미용 · 사육 · 훈련 · 관리 등 관련 분야 능력!

진출 분야
동물병원, 애완동물 훈련센터, 사료 회사, 동물 약품 회사, 동물원, 국립해양생물자원관, 생물 자원 관련 공공기관

앞면   뒷면

2 모둠 안에서 각자 만든 학과 카드를 가지고 학과를 소개해 봅시다. 다른 모둠원의 발표 내용 중 가장 기억에 남는 학과가 있다면, 학과와 그 이유를 적어 봅시다.

기억에 남는 학과	
인상적인 이유	

Chapter Ⅲ

교육과정·
고교 생활 설계

슬기로운 고교 생활의 핵심!

슬기로운 고교 생활의 핵심!

나의 진로와 적성에 맞춘 나만의 교육과정을 만들고
고등학교 3개년의 학업 계획서를
구체적으로 작성해 봅니다.

활동 5 ● 나만의 교육과정 설계하기

활동 6 ● 나의 고교 생활 디자인하기

활동 5 · 나만의 교육과정 설계하기

활동 미션 ● 나의 진로에 맞춰 나만의 교육과정을 설계한다.

수업 흐름 ●

STEP 1 10분	STEP 2 15분	STEP 3 15분
우리 학교 교육과정 확인하기	→ 선택 과목 선택하기	→ 나만의 교육과정 완성하기

2022 개정 교육과정을 살펴봅시다.

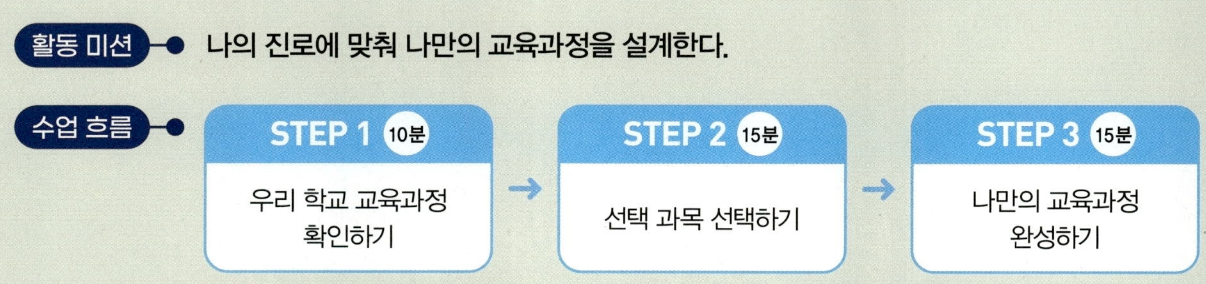

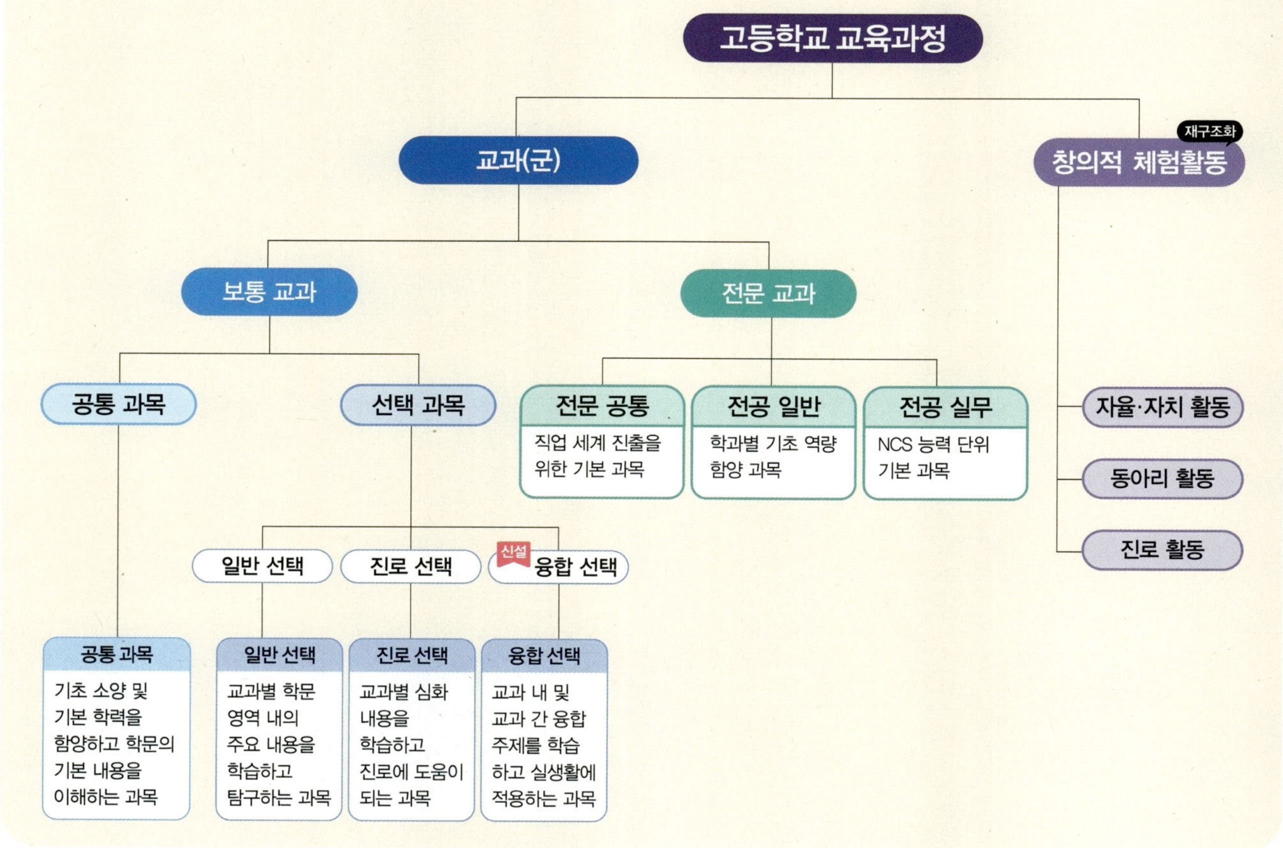

 빈칸에 우리 학교 교육과정 편제표를 붙이고 어떤 과목이 개설되는지 확인해 봅시다.

편제표는 학교마다 다르며 학년ㆍ학기별로 선택할 수 있는 과목의 종류와 수가 안내되어 있습니다. '학점'은 1주에 해당 과목을 배우는 시간으로, 1주에 4시간을 배우면 4학점이 됩니다. [택 1]과 같이 표시되어 있는 과목이 선택 과목입니다. 제시된 선택 과목 중에서 내가 원하는 과목을 선택하면 됩니다. 내가 원하는 과목이 우리 학교 편제표에 없다면, 학교 간 공동교육과정이 개설되어 있는지 확인해 봅시다.

● 우리 학교 교육과정 편제표를 붙여 보세요.

1 우리 학교 교육과정 편제표를 보면서 학교 지정 과목을 확인하고 ☐ 안에 배우는 학년을 숫자로 적어 봅시다.

2 내가 선택해서 배우고 싶은 과목을 확인하고 ☐ 안에 배우고 싶은 학년을 숫자로 적어 봅시다.

3 아래 표에 제시된 과목 외에 학교에서 개설한 과목 중 배우고 싶은 과목이 있다면, '이 외 과목'란에 과목명과 배우고 싶은 학년을 적어 봅시다.

고교 3개년 동안 내가 배우고 싶은 과목

교과(군)	일반 선택	진로 선택	융합 선택	이 외 과목
국어	☐ 화법과 언어 ☐ 독서와 작문 ☐ 문학	☐ 주제 탐구 독서 ☐ 문학과 영상 ☐ 직무 의사소통	☐ 독서 토론과 글쓰기 ☐ 매체 의사소통 ☐ 언어생활 탐구	
수학	☐ 대수 ☐ 미적분 I ☐ 확률과 통계	☐ 기하 ☐ 미적분 II ☐ 경제 수학 ☐ 인공지능 수학 ☐ 직무 수학	☐ 수학과 문화 ☐ 실용 통계 ☐ 수학과제 탐구	
영어	☐ 영어 I ☐ 영어 II ☐ 영어 독해와 작문	☐ 영미 문학 읽기 ☐ 영어 발표와 토론 ☐ 심화 영어 ☐ 심화 영어 독해와 작문 ☐ 직무 영어	☐ 실생활 영어 회화 ☐ 미디어 영어 ☐ 세계 문화와 영어	
사회 (역사/ 도덕 포함)	☐ 세계시민과 지리 ☐ 세계사 ☐ 사회와 문화 ☐ 현대사회와 윤리	☐ 한국지리 탐구 ☐ 도시의 미래 탐구 ☐ 동아시아 역사 기행 ☐ 정치 ☐ 법과 사회 ☐ 경제 ☐ 윤리와 사상 ☐ 인문학과 윤리 ☐ 국제 관계의 이해	☐ 여행지리 ☐ 역사로 탐구하는 현대 세계 ☐ 사회문제 탐구 ☐ 금융과 경제생활 ☐ 윤리문제 탐구 ☐ 기후변화와 지속가능한 세계	
과학	☐ 물리학 ☐ 화학 ☐ 생명과학 ☐ 지구과학	☐ 역학과 에너지 ☐ 전자기와 양자 ☐ 물질과 에너지 ☐ 화학 반응의 세계 ☐ 세포와 물질대사 ☐ 생물의 유전 ☐ 지구시스템과학 ☐ 행성우주과학	☐ 과학의 역사와 문화 ☐ 기후변화와 환경생태 ☐ 융합과학 탐구	

일반 고등학교는 주로 보통 교과를 중심으로 학교 교육과정을 편성하지만 학교의 여건이나 필요, 학생의 요구에 따라 다양한 과목을 편성할 수 있습니다. 일반 고등학교에서 특성화 고등학교에 주로 개설되는 전문 교과 과목, 교육과정 고시 외 과목 등을 개설하는 것 등이 그 예입니다.

아래 표에는 보통 교과 과목이 안내되어 있습니다. 우리 학교에 개설된 과목 중에서 아래 표에 나와 있지 않은 과목이라도 나의 진로와 적성에 맞는 과목이라면 '이 외 과목' 칸에 기록하면 됩니다.

교과(군)	일반 선택	진로 선택		융합 선택	이 외 과목
체육	☐ 체육1 ☐ 체육2	☐ 운동과 건강 ☐ 스포츠 문화 ☐ 스포츠 과학		☐ 스포츠 생활1 ☐ 스포츠 생활2	
예술	☐ 음악 ☐ 미술 ☐ 연극	☐ 음악 연주와 창작 ☐ 음악 감상과 비평 ☐ 미술 창작 ☐ 미술 감상과 비평		☐ 음악과 미디어 ☐ 미술과 매체	
기술·가정/ 정보	☐ 기술·가정	☐ 로봇과 공학세계 ☐ 생활과학 탐구		☐ 창의 공학 설계 ☐ 지식 재산 일반 ☐ 생애 설계와 자립 ☐ 아동발달과 부모	
	☐ 정보	☐ 인공지능 기초 ☐ 데이터 과학		☐ 소프트웨어와 생활	
제2외국어/ 한문	☐ 독일어 ☐ 프랑스어 ☐ 스페인어 ☐ 중국어 ☐ 일본어 ☐ 러시아어 ☐ 아랍어 ☐ 베트남어	☐ 독일어 회화 ☐ 프랑스어 회화 ☐ 스페인어 회화 ☐ 중국어 회화 ☐ 일본어 회화 ☐ 러시아어 회화 ☐ 아랍어 회화 ☐ 베트남어 회화	☐ 심화 독일어 ☐ 심화 프랑스어 ☐ 심화 스페인어 ☐ 심화 중국어 ☐ 심화 일본어 ☐ 심화 러시아어 ☐ 심화 아랍어 ☐ 심화 베트남어	☐ 독일어권 문화 ☐ 프랑스어권 문화 ☐ 스페인어권 문화 ☐ 중국 문화 ☐ 일본 문화 ☐ 러시아 문화 ☐ 아랍 문화 ☐ 베트남 문화	
	☐ 한문	☐ 한문 고전 읽기		☐ 언어생활과 한자	
교양	☐ 진로와 직업 ☐ 생태와 환경	☐ 인간과 철학 ☐ 논리와 사고 ☐ 인간과 심리 ☐ 교육의 이해 ☐ 삶과 종교 ☐ 보건		☐ 인간과 경제활동 ☐ 논술	

1   3개년 동안 배울 교과목을 학점과 함께 기록해 봅시다.

나만의 교육과정

교과(군)	필수 이수 학점	과목명[학점]	교과(군) 총 학점
국어	8	공통국어1[ ], 공통국어2[ ]	
수학	8	공통수학1[ ], 공통수학2[ ]	
영어	8	공통영어1[ ], 공통영어2[ ]	
사회 (역사/도덕 포함)	한국사 6 사회 8	한국사1[ ], 한국사2[ ], 통합사회1[ ], 통합사회2[ ]	
과학	10	통합과학1[ ], 통합과학2[ ], 과학탐구실험1[ ], 과학탐구실험2[ ]	
체육	10		
예술	10		
기술 · 가정/정보/ 제2외국어/한문/교양	16		
교과(군) 이수 학점 합계			

2   체크리스트 항목을 보면서 나의 교육과정을 점검해 ✓표를 해 봅시다.

**체크
리스트**

1. 나의 진로와 적성에 맞는 과목을 선택하였나요? ☐
2. 각 교과(군)별 필수 이수 학점을 충족하나요? ☐
3. 교과(군) 이수 학점 합계가 174점 이상인가요? ☐
4. 국어, 수학, 영어 교과의 이수 학점이 총 81학점을 초과하지 않나요? ☐
   (교과 이수 학점이 174학점을 초과하는 경우, 초과 이수 학점의 50%를 넘지 않나요?)
5. 체육 교과는 매 학기 이수하나요? ☐

3 나의 희망 진로를 연계하여 나만의 교육과정을 소개하는 글을 써 봅시다.

예 나는 의약 계열의 의예과를 희망합니다. 의학적 지식과 더불어 생명 존중 사상을 갖춘 의사가 되고 싶습니다. 의사가 되기 위해 필요한 자질은 화학과 생명과학 분야의 지식뿐만 아니라 환자를 이해하고 배려하는 따뜻한 마음입니다. 그래서 화학, 생명과학, 물질과 에너지, 화학 반응의 세계, 세포와 물질대사, 생물의 유전 과목과 함께 보건, 현대사회와 윤리, 인간과 심리 과목을 선택하였습니다.

나만의 교육과정 소개

〔도움말〕 진로와 관련된 중요한 과목 위주로 선택한 이유와 함께 작성합니다.

4 모둠원과 교육과정 소개 글을 돌아가면서 발표하고 피드백을 나눕니다. 친구들의 피드백에서 반영할 만한 내용을 정리하여 나만의 교육과정 소개 글을 완성해 봅시다.

활동 6 · 나의 고교 생활 디자인하기

활동 미션 → 고교 3개년 동안 실천 가능한 학교생활 계획서를 작성한다.

수업 흐름 →

STEP 1 10분	STEP 2 20분	STEP 3 10분
진로·학업 설계 과정 점검하기	고교 3개년 학교생활 계획서 작성하기	나의 미래 모습 상상하기

🕐 진로·학업 설계는 실천 행동으로 구체화됩니다.

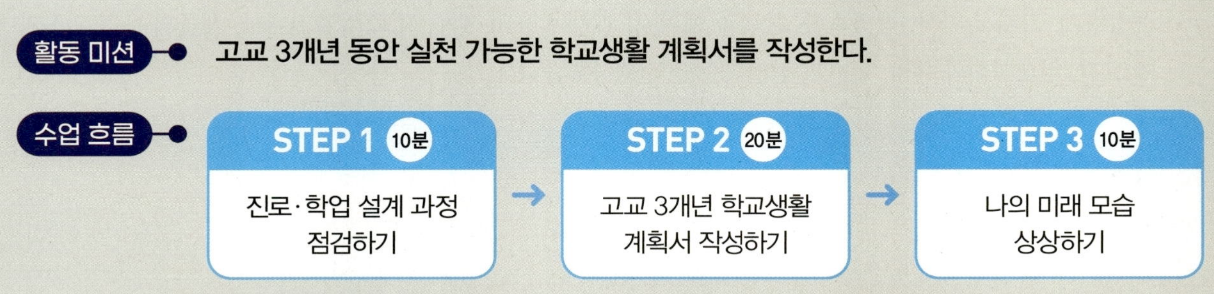

진로·학업 설계하기

활동 3 에서 나의 진로 목표를 결정했어요!
- 나의 진로 특성 탐색하기
- 관심 직업 탐색하기
- 진로 목표 정하기

활동 4 에서 희망 학과를 결정했어요!
- 희망 진로와 관련 있는 학과 탐색하기
- 관심 학과 탐색하기
- 희망 학과 정하기

활동 5 에서 나의 교육과정을 설계했어요!
- 우리 학교 교육과정 편제표 살펴보기
- 희망 진로 및 학과와 관련 있는 선택 과목 탐색하기
- 나만의 교육과정 설계하기

실천 계획 세우기

이번 활동에서 고등학교 생활을 계획해 봅시다!
- 진로·학업 설계 과정 점검하기
- 고등학교 3개년의 학교생활 계획서 작성하기
- 미래의 나의 모습 상상하기

1 진로·학업 설계 과정에서 해야 할 일을 잘 수행하였는지 단계별로 점검해 봅시다. 😃 만족함 😠 노력 필요함

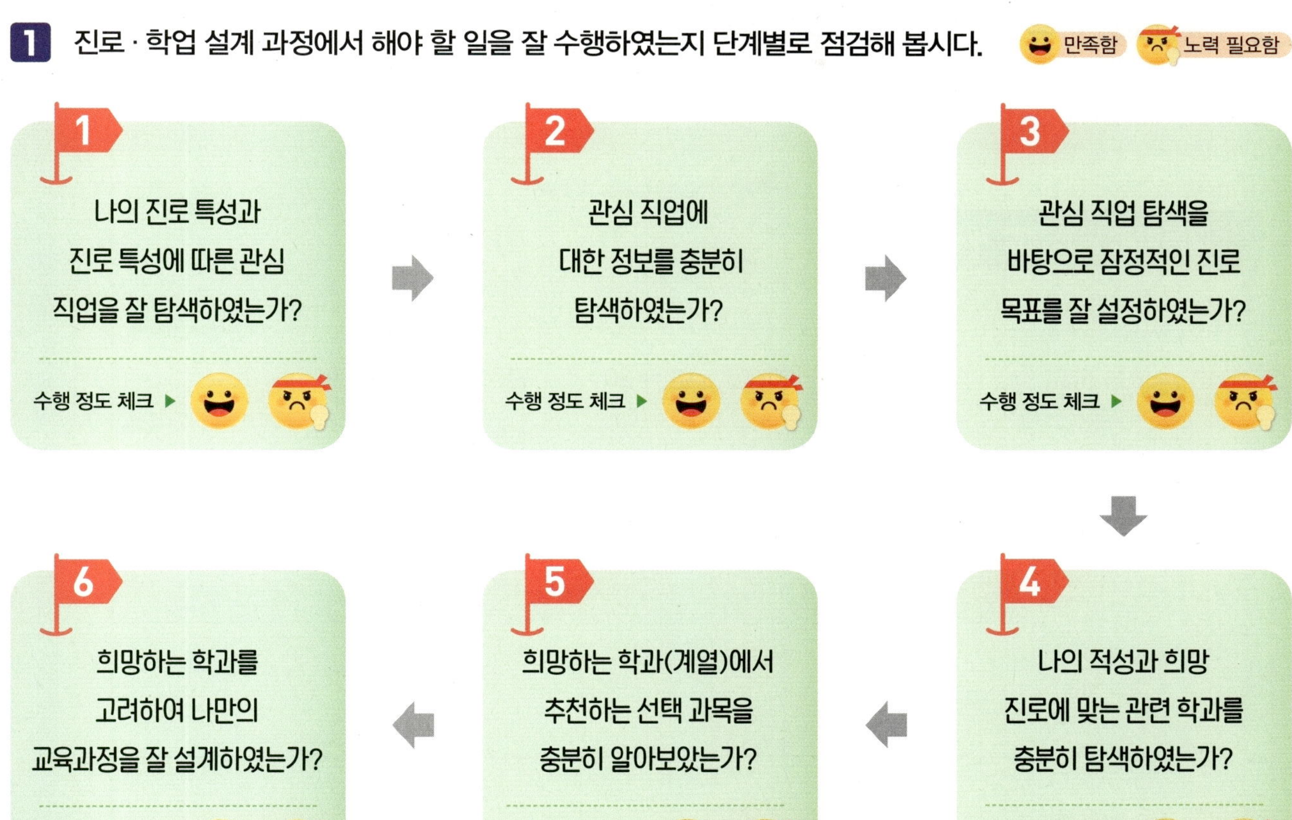

2 수행 정도가 만족스럽지 않은 것 중 한 가지만 선택하여 모둠원과 보완 방법을 이야기하고 실천 방법을 정리해 봅시다.

진로 목표를 이루기 위해, 고등학교 3개년 동안 실천가능한 계획을 구체적으로 작성해 봅시다.

고등학교 학교생활 계획서

실행 기간	20　　　년 ~ 20　　　년 (고등학교 3개년)		
희망 진로		희망 학과(취업)	

	1학년	2학년	3학년
교과 학습			
자율·자치 활동			
동아리 활동			
진로 활동			
독서 활동			
여가 활동			

STEP 3 미래의 나의 모습을 상상해 봅시다.

10분

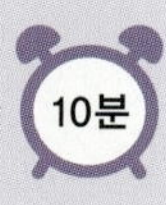

1 지금까지의 활동을 떠올리며, 20년 후 어느 특정한 하루를 설정하여 나의 미래 모습을 구체적으로 상상하여 작성해 봅시다.

20년 후 나의 미래 모습

년 월 일

나의 직업

내가 하는 일

내가 가지고 있는 능력

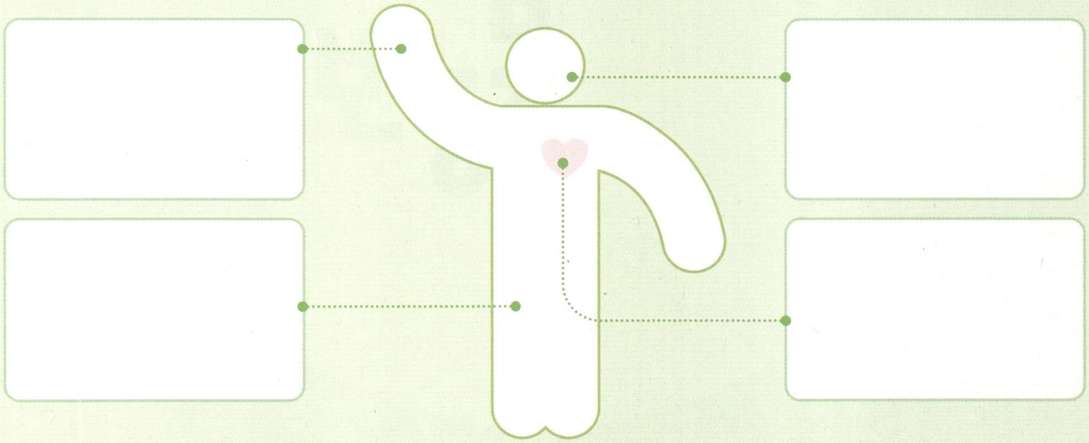

2 20년 후 나는 어떤 새로운 목표와 계획을 가지고 있을지 상상하여 적어 봅시다.

20년 후 나의 새로운 목표	
목표를 이루기 위한 실천 계획	

JOB
꿈잡이
정보

※ 활동에 참고할 수 있는 자료, 고교학점제와 대학입학제도의 큰 틀을 이해할 수 있는 자료를 담았습니다.

고등학교 보통 교과

2022 개정 교육과정 고등학교 보통 교과 과목은 공통 과목과 선택 과목(일반 선택, 진로 선택, 융합 선택)으로 나뉩니다. 1학년 때는 대부분 공통 과목을 배우고 2, 3학년 때 자신의 진로와 적성에 맞는 과목을 직접 선택하여 배웁니다. 선택 과목은 학교마다 다를 수 있습니다.

※ 수능 출제 과목은 파란색으로 표시함.

※ ☐ 절대 평가(5단계)와 상대 평가(5등급)를 함께 기재함.

※ ☐ 절대 평가(5단계) 기재, 상대 평가 없음.　　※ ☐ 절대 평가(3단계) 기재, 상대 평가 없음.　　※ ☐ 이수 여부만 표기

교과군	공통 과목	선택 과목		
		일반 선택	진로 선택	융합 선택
국어	공통국어1 공통국어2	화법과 언어, 독서와 작문, 문학	주제 탐구 독서, 문학과 영상, 직무 의사소통	독서 토론과 글쓰기, 매체 의사소통, 언어생활 탐구
수학	공통수학1 공통수학2	대수, 미적분Ⅰ, 확률과 통계	기하, 미적분Ⅱ, 경제 수학, 인공지능 수학, 직무 수학	수학과 문화, 실용 통계, 수학과제 탐구
	기본수학1 기본수학2			
영어	공통영어1 공통영어2	영어Ⅰ, 영어Ⅱ	영미 문학 읽기, 영어 발표와 토론, 심화 영어, 심화 영어 독해와 작문, 직무 영어	실생활 영어 회화, 미디어 영어, 세계 문화와 영어
	기본영어1 기본영어2	영어 독해와 작문		
사회 (역사/도덕 포함)	한국사1 한국사2	세계시민과 지리, 세계사, 사회와 문화, 현대사회와 윤리	한국지리 탐구, 도시의 미래 탐구, 동아시아 역사 기행, 정치, 법과 사회, 경제, 윤리와 사상, 인문학과 윤리, 국제 관계의 이해	여행지리, 역사로 탐구하는 현대 세계, 사회문제 탐구, 금융과 경제생활, 윤리문제 탐구, 기후변화와 지속가능한 세계
	통합사회1 통합사회2			
과학	통합과학1 통합과학2	물리학, 화학, 생명과학, 지구과학	역학과 에너지, 전자기와 양자, 물질과 에너지, 화학 반응의 세계, 세포와 물질대사, 생물의 유전, 지구시스템과학, 행성우주과학	과학의 역사와 문화, 기후변화와 환경생태, 융합과학 탐구
	과학탐구실험1 과학탐구실험2			
체육		체육1, 체육2	운동과 건강, 스포츠 문화, 스포츠 과학	스포츠 생활1, 스포츠 생활2
예술		음악, 미술, 연극	음악 연주와 창작, 음악 감상과 비평, 미술 창작, 미술 감상과 비평	음악과 미디어, 미술과 매체
기술·가정/ 정보		기술·가정	로봇과 공학세계, 생활과학 탐구	창의 공학 설계, 지식 재산 일반, 생애 설계와 자립, 아동발달과 부모
		정보	인공지능 기초, 데이터 과학	소프트웨어와 생활
제2외국어/ 한문		독일어, 프랑스어, 스페인어, 중국어, 일본어, 러시아어, 아랍어, 베트남어	독일어 회화, 프랑스어 회화, 스페인어 회화, 중국어 회화, 일본어 회화, 러시아어 회화, 아랍어 회화, 베트남어 회화, 심화 독일어, 심화 프랑스어, 심화 스페인어, 심화 중국어, 심화 일본어, 심화 러시아어, 심화 아랍어, 심화 베트남어	독일어권 문화, 프랑스어권 문화, 스페인어권 문화, 중국 문화, 일본 문화, 러시아 문화, 아랍 문화, 베트남 문화
		한문	한문 고전 읽기	언어생활과 한자
교양		진로와 직업, 생태와 환경	인간과 철학, 논리와 사고, 인간과 심리, 교육의 이해, 삶과 종교, 보건	인간과 경제활동, 논술

계열	교과(군)	선택 과목				융합 선택
		진로 선택				
과학 계열	수학	전문 수학 고급 미적분	이산 수학	고급 기하	고급 대수	
	과학	고급 물리학 과학과제 연구	고급 화학	고급 생명과학	고급 지구과학	물리학 실험 화학 실험 생명과학 실험 지구과학 실험
	정보	정보과학				
체육 계열	체육	스포츠 개론 기초 체육 전공 실기 스포츠 경기 기술	육상 심화 체육 전공 실기 스포츠 경기 분석	체조 고급 체육 전공 실기	수상 스포츠 스포츠 경기 체력	스포츠 교육 스포츠 생리의학 스포츠 행정 및 경영
예술 계열	예술	음악 이론	음악사	시창·청음	음악 전공 실기	음악과 문화
		합창·합주	음악 공연 실습			
		미술 이론	드로잉	미술사	미술 전공 실기	미술 매체 탐구
		조형 탐구				미술과 사회
		무용의 이해	무용과 몸	무용 기초 실기	무용 전공 실기	무용과 매체
		안무	무용 제작 실습	무용 감상과 비평		
		문예 창작의 이해	문장론	문학 감상과 비평	시 창작	문학과 매체
		소설 창작	극 창작			
		연극과 몸	연극과 말	연기	무대 미술과 기술	연극과 삶
		연극 제작 실습	연극 감상과 비평	영화의 이해	촬영 · 조명	영화와 삶
		편집·사운드	영화 제작 실습	영화 감상과 비평		
		사진의 이해	사진 촬영	사진 표현 기법	영상 제작의 이해	사진과 삶
		사진 감상과 비평				
외국어 · 국제 계열	영어	심화 영어 회화 I	심화 영어 회화 II	심화 영어 I	심화 영어 II	
		심화 영어 독해 I	심화 영어 독해 II			
	사회 (역사/ 도덕 포함)	국제 정치	국제 경제	국제법	지역 이해	
		한국 사회의 이해	비교 문화	세계 문제와 미래 사회	국제 관계와 국제기구	
		현대 세계의 변화	사회 탐구 방법	사회과제 연구		
	제2외국어	전공 기초 독일어	독일어 회화 I	독일어 회화 II	독일어 독해와 작문 I	독일어권 문화*
		독일어 독해와 작문 II	심화 독일어*			
		전공 기초 프랑스어	프랑스어 회화 I	프랑스어 회화 II	프랑스어 독해와 작문 I	프랑스어권 문화*
		프랑스어 독해와 작문 II	심화 프랑스어*			
		전공 기초 스페인어	스페인어 회화 I	스페인어 회화 II	스페인어 독해와 작문 I	스페인어권 문화*
		스페인어 독해와 작문 II	심화 스페인어*			
		전공 기초 중국어	중국어 회화 I	중국어 회화 II	중국어 독해와 작문 I	중국 문화*
		중국어 독해와 작문 II	심화 중국어*			
		전공 기초 일본어	일본어 회화 I	일본어 회화 II	일본어 독해와 작문 I	일본 문화*
		일본어 독해와 작문 II	심화 일본어*			
		전공 기초 러시아어	러시아어 회화 I	러시아어 회화 II	러시아어 독해와 작문 I	러시아 문화*
		러시아어 독해와 작문 II	심화 러시아어*			
		전공 기초 아랍어	아랍어 회화 I	아랍어 회화 II	아랍어 독해와 작문 I	아랍 문화*
		아랍어 독해와 작문 II	심화 아랍어*			
		전공 기초 베트남어	베트남어 회화 I	베트남어 회화 II	베트남어 독해와 작문 I	베트남 문화*
		베트남어 독해와 작문 II	심화 베트남어*			

① 특수 목적 고등학교 선택 과목은 과학, 체육, 예술, 외국어·국제 계열에 관한 과목으로 한다.
② *표시된 과목은 보통 교과의 과목이며, 외국어·국제 계열 고등학교 전공 관련 선택 과목으로 편성·운영할 수 있다.
③ 일반 고등학교(자율 고등학교 포함)는 교육과정을 보통 교과 중심으로 편성하되, 필요에 따라 전문 교과의 과목(꿈잡이 정보③ 참고)을 개설할 수 있다. 이 경우 진로 선택 과목으로 편성한다.

출처: 국가교육과정정보센터

고등학교 보통 교과 선택 과목

선택 과목은 일반 선택 과목과 진로 선택 과목, 융합 선택 과목으로 구분합니다. 다음에 제시된 안내 자료를 통해 교과(군)별 선택 과목에서 배우는 내용을 확인할 수 있습니다. **파란색**으로 표시된 과목은 대학수학능력시험 출제 과목입니다.

교과 (군)	구분	과목	과목 설명	성적 산출 방법
국어	일반 선택	화법과 언어	국어의 듣기·말하기 영역과 문법 영역 과목으로, 화법과 언어의 본질을 이해하고 언어 자원의 표현 효과를 탐구하며 다양한 유형의 담화에 참여함으로써, 의사소통 능력과 비판적 사고력을 기른다.	성취도(5단계) + 석차 등급
		독서와 작문	국어의 읽기 영역과 쓰기 영역 과목으로, 다양한 글과 자료를 이해하고 생산하는 활동에 참여함으로써 효과적으로 의사소통하는 능력과 태도를 함양한다.	
		문학	국어의 문학 영역 과목으로, 다양한 문학 경험을 통해 작품을 수용·생산하는 능력을 기르고, 인간과 세계에 대한 이해를 넓히며, 문학 활동의 주체로 살아가는 태도를 함양한다.	
	진로 선택	주제 탐구 독서	국어의 읽기 영역을 심화·확장한 과목으로, 관심 있는 주제의 책과 자료를 비교·분석·통합하여 자신의 관점과 견해를 형성하고 진로와 학업에 필요한 역량을 기른다.	
		문학과 영상	국어의 문학 영역과 매체 영역 과목으로, 경험과 상상을 문학 작품이나 영상물로 제작하여 표현 능력을 키운다. 문학과 영상을 통한 소통의 영향력을 비판적으로 파악하고 윤리적 책임을 인식하며, 주체적인 수용과 생산 태도를 함양한다.	
		직무 의사소통	국어의 듣기·말하기, 읽기, 쓰기, 문법, 문학, 매체 영역에서 직무와 관련 있는 학습 요소들을 통합하여 학습자의 실질적인 직무 의사소통 능력을 향상한다.	
	융합 선택	독서 토론과 글쓰기	학습자 스스로 필요한 책을 탐색하여 읽고 토론과 글쓰기를 통해 비판적·창의적 사고력과 협력적 의사소통 능력을 함양한다. 또 삶과 세상을 통찰하며 서로 다른 생각과 관점을 존중하는 성숙한 민주시민으로 성장하도록 돕는다.	
		매체 의사소통	개인과 사회에 영향을 미치는 매체 의사소통의 방식과 문화를 탐구하며, 텍스트의 의미가 사회·문화적으로 어떻게 구성되는지 이해하고 자신의 관점을 반영하여 매체를 제작한다.	
		언어생활 탐구	국어의 문법 영역을 중심으로, 여러 개념과 현상들이 언어를 매개로 구현되는 양상을 탐구하며 언어의 힘과 가치를 인식하고 자신과 공동체의 언어생활을 성찰하고 개선한다.	
수학	일반 선택	대수	증가하거나 감소하는 수량이나 주기적인 현상을 일반적인 식으로 표현하여, 규칙적으로 변화하는 관계를 나타내는 함수에 대해 이해하고 탐구한다.	성취도(5단계) + 석차 등급
		미적분 I	사회 및 자연현상의 변화를 다루는 수학적 도구로서, 무한의 개념이나 순간적인 변화를 탐구하는 데 유용한 개념 및 넓이, 이동 거리 등과 관련된 미적분의 기초 내용을 탐구한다.	
		확률과 통계	데이터를 기반으로 확률과 통계와 관련된 개념을 이해하고 탐구한다. 학습한 내용은 다른 교과 또는 다른 영역에서의 지식을 융합적 관점에서 활용하는 데에도 도움이 된다.	
	진로 선택	기하	곡선을 대수와 연결하여 분석하고 공간도형의 성질을 이해하며, 크기와 방향을 갖는 벡터를 이용하여 평면과 공간에 나타나는 기하적 대상을 다양한 방식으로 표현하고 탐구한다.	
		미적분 II	수열의 극한과 급수의 합, 함수의 미분과 적분을 효율적으로 구하는 방법을 다루어, 사회 및 자연 현상을 탐구하는 데 필요한 미적분 내용을 폭넓게 이해하고 탐구한다.	
		경제 수학	경제 및 금융의 기본 개념에 수학이 활용되는 사례를 경험하고, 수학의 개념, 원리, 법칙을 경제 분야와 연결하여 융합적 관점에서 경제 현상을 수학적으로 해석하고 탐구한다.	
		인공지능 수학	인공지능의 데이터 처리와 의사결정에 수학이 활용되는 다양한 사례를 경험함으로써, 융합적 관점에서 인공지능과 수학의 관련성을 탐구한다.	
		직무 수학	직무 상황에 필요한 수학의 개념, 원리, 법칙을 이해하여 미래의 직무 상황에서 수학 교과 역량을 발휘하여 합리적 의사결정 능력과 문제해결 역량을 기른다.	
	융합 선택	수학과 문화	문화와 수학 사이의 융합 현상을 탐구하여 인간 활동으로서 수학의 역할을 이해하고 문화 발달에서 수학의 유용성과 가치를 음미한다.	
		실용 통계	통계적 문제해결 과정을 이해하고, 통계적 탐구 활동을 통해 정보화 사회에서 생산되는 자료를 활용하여 현대 사회의 다양한 실생활 문제를 해결한다.	
		수학과제 탐구	다양한 수학적 탐구 방법과 절차를 이해하고, 흥미와 관심에 따른 수학 개념을 탐구하며 타 교과와 연결하거나 실생활 사례를 수학적으로 해석하는 자기주도적 탐구를 실행한다.	

영역	구분	과목	내용	평가
영어	일반 선택	영어 I	영어의 듣기, 말하기, 읽기, 쓰기의 네 기능을 통합하여 사회생활이나 학업에 필요한 의사소통 능력을 향상하고, 진로와 관련된 영어 이해 능력과 표현 능력의 기본을 다진다.	성취도(5단계) + 석차 등급
		영어 II	사회생활이나 학업에 필요한 의사소통 능력을 향상하고, 장차 학습자의 진로 및 전공 분야와 관련된 영어 이해 능력과 표현 능력을 연마한다.	
		영어 독해와 작문	영어의 읽기와 쓰기를 중점적으로 학습하여 일상생활이나 사회생활에서 필요로 하는 영어 능력뿐만 아니라, 학문 및 전공 분야에서 필요로 하는 독해와 작문 능력을 향상한다.	
	진로 선택	영미 문학 읽기	시, 희곡, 소설 등 영어로 쓰인 다양한 장르의 문학 작품 감상을 통해 영어 능력을 확장하고 작품에 대한 생각과 느낌을 비판적·창의적으로 표현하는 능력을 기른다.	
		영어 발표와 토론	영어의 듣기와 말하기 기능의 심화 과목으로, 기본적인 영어 구사 능력을 바탕으로 다양한 상황에서 영어로 발표하고 토론할 수 있는 능력을 기른다.	
		심화 영어	일상생활에 필요한 의사소통 능력을 심화하고, 기초 학문 분야를 포함한 다양한 주제와 관련된 영어 이해 능력과 표현 능력을 기른다.	
		심화 영어 독해와 작문	영어의 읽기, 쓰기 기능의 심화 과목으로, 다양한 주제와 장르의 글을 읽으며 비판적인 독해 능력을 기르고 자신의 의견을 창의적으로 표현하는 영어 문해력을 배양한다.	
		직무 영어	진로 및 미래 직업 분야에 대한 탐색 기회를 제공하고, 다양한 직무 관련 활동에 필요한 기본적이고 핵심적인 실무 영어 능력을 기른다.	
	융합 선택	실생활 영어 회화	실생활에서 친숙하고 일반적인 주제에 관한 영어를 듣고 이해하며, 자신의 생각이나 감정을 표현하여 의사소통 목적을 달성할 수 있도록 영어 듣기·말하기 능력을 향상한다.	
		미디어 영어	미디어를 통해 얻는 영어로 된 정보를 이해하고 활용하는 데 필요한 영어 의사소통 능력과 정보를 분석하고 평가하는 능력, 창의적이고 비판적으로 사고하는 능력을 기른다.	
		세계 문화와 영어	세계 영어에 나타나는 문화 현상과 문화적 산물을 이해하고 자신의 문화적 관점을 창의적으로 표현하며 다양한 사고와 문화를 존중하는 가치관을 바탕으로 세계인과 소통할 수 있는 능력을 기른다.	
사회 (역사/ 도덕 포함)	일반 선택	세계시민과 지리	세계화와 지역화의 연계, 인간과 자연의 상호 작용, 에너지 및 환경문제, 세계 여러 지역의 공간적 차이와 다양한 삶의 모습을 이해하고, 지구촌 일원으로서 인류의 공동선과 지속가능한 미래를 위해 행동할 수 있는 태도를 함양하는 지리 영역의 과목이다.	성취도(5단계) + 석차 등급
		세계사	인류가 출현한 시기부터 오늘날까지 인류가 걸어온 발자취를 탐구하는 역사 영역의 과목으로 세계사 관련 주제를 심층적으로 탐구한다. 이를 통해 세계 문화권 간의 상호 연관성을 파악하고 인권, 평화, 민주주의, 생태환경 등에 대한 통찰력을 갖출 수 있다.	
		사회와 문화	개인이 다양한 관점과 문화를 가진 타인들과 상호 작용하며 살아가는 사회적 존재이며, 사회 구조의 영향을 받는 존재인 동시에 사회를 변화시키는 주체라는 사실을 인식하고 민주시민으로서 사회에 참여하는 데 필요한 역량을 함양한다.	
		현대사회와 윤리	현대사회에서 발생하는 윤리문제와 쟁점들을 동·서양의 윤리이론과 사회사상을 바탕으로 탐구하고 성찰하여 실천에 옮기는 역동적이고 실천적인 과정에 중점을 두며, 윤리문제에 대한 민감성과 도덕적 탐구능력, 윤리적 성찰 및 실천 능력을 기른다.	
	진로 선택	한국지리 탐구	국토환경 및 지역의 지리적 이슈와 쟁점을 이해하고, 주요 문제에 책임감 있게 대처할 수 있는 시민으로서의 자질과 책임감 있는 태도를 기르는 지리 영역의 과목이다. 저출생·고령화, 모빌리티와 플랫폼 경제, 지속가능한 농업과 농촌, 자연재해와 대응, 탄소중립을 위한 에너지 정책, 통일과 동아시아 지정학 등의 전문적인 지식을 습득할 수 있다.	
		도시의 미래 탐구	인간과 비인간, 다양성과 차이가 공존하는 도시 공간과 도시 공공성에 대한 인식을 바탕으로, 모두를 위한 도시의 미래를 만들어 가는 과정에 참여하는 로컬 시민, 민주시민, 생태시민을 양성하는 지리 영역의 과목이다.	
		동아시아 역사 기행	동아시아 지역에서 일어난 교류와 갈등, 침략과 저항, 공존과 평화를 위한 노력을 주제로 탐구·토론하며, 이 지역의 특색을 파악하여 동아시아 평화 이슈에 대해 생각을 키우는 역사 영역의 과목이다.	
		정치	민주주의에 대한 이해를 기초로 다양한 정치 현상을 분석하는 데 필요한 개념과 원리를 이해하고, 일상생활에서 접하는 정치적 쟁점 해결 과정에 요구되는 기능과 역량을 함양한다.	
		법과 사회	개인이 출생하여 사망하기까지 경험하는 다양한 법(률)관계와 민주주의와 법치주의의 의미와 기능의 상호 관계를 이해하여 민주시민으로서의 자질을 함양한다. 법 관련 분야의 진로 탐색에 도움이 된다.	

		경제	체계적인 경제 지식과 사고력 및 가치관을 바탕으로 개인적, 사회적 차원에서 합리적이며 책임 있게 경제적 역할을 수행할 수 있는 민주시민의 자질 함양을 추구한다.	
사회 (역사/ 도덕 포함)	진로 선택	윤리와 사상	삶에서 직면하는 윤리적 물음을 중심으로 한국 및 동·서양의 윤리사상과 사회사상의 주요 이론과 의미를 학습함으로써 윤리적 탐구와 성찰 및 문제해결능력을 기른다.	성취도(5단계) + 석차 등급
		인문학과 윤리	고전에 대한 탐구와 성찰을 통해 인문학적 소양과 바람직한 인성 및 포용성과 시민성을 기른다. 동서고금의 윤리사상과 관련된 고전의 내용을 다루되, 생활 속에서 발생할 수 있는 문제들을 고전의 내용에 비추어 탐구하고 성찰한다.	
		국제 관계의 이해	세계시민으로 살아가는 데 필요한 다양한 이슈들과 국제 사회 행위 주체들의 복합적인 관계를 파악하고, 세계시민으로서 보편적이고 타당한 의사결정 능력과 태도를 기르는 일반사회 영역의 과목이다.	
	융합 선택	여행지리	우리 주변과 세계 여러 지역에서 나타나는 자연경관과 인문경관, 인간과 환경의 관계에 대한 이해를 바탕으로 행복한 여행에 필요한 소양을 함양하는 지리 영역의 과목이다.	성취도(5단계)
		역사로 탐구하는 현대 세계	1945년 이후부터 오늘날에 이르기까지 전쟁과 평화, 과학기술과 번영, 경제성장과 생태 환경, 세계화와 이주 등의 주제를 탐구하고 토론하면서 자신이 미래 사회를 만들어 가는 주체임을 자각할 수 있는 역사 영역의 과목이다.	
		사회문제 탐구	현대사회에서 발생하는 여러 사회문제를 탐구하고 해결방안을 모색할 수 있는 능력을 함양하는 일반사회 영역의 과목이다.	
		금융과 경제생활	미래 경제생활의 주체인 학생들이 급변하는 디지털 금융 환경에서 평생에 걸쳐 안정된 금융 복지(financial wellbeing)를 향유하는 데 필요한 금융 지식과 금융 의사결정 능력, 건전한 재무적 태도와 습관을 기르는 일반사회 영역의 과목이다.	
		윤리문제 탐구	동·서양의 윤리 이론, 사회사상, 최신 도덕 심리학 등의 연구 성과에 기반을 두고 민주시민, 디지털과 인공지능, 생태전환과 관련한 최근의 윤리적 쟁점들을 구체적인 사례 중심으로 탐구함으로써 윤리적 탐구와 성찰 능력, 윤리적 실천 역량을 기르는 과목이다.	
		기후변화와 지속가능한 세계	인간과 환경의 상호의존적 관계 인식을 토대로 기후변화의 원인과 문제를 이해하고, 오늘날 인류가 처한 지구적 생태 위기를 극복하고 지속가능한 세계를 실현하기 위해 적극적으로 참여하고 실천하는 생태시민을 기르는 지리 영역의 과목이다.	
과학	일반 선택	물리학	일상생활이나 자연현상, 첨단 과학기술 속에 물리학의 기본 법칙이 담겨 있음을 알고, 이들 현상을 이해하고 탐구할 수 있는 능력을 바탕으로 민주 시민으로서 개인과 사회 문제를 과학적으로 해결하고 참여·실천하는 역량을 함양한다.	성취도(5단계) + 석차 등급
		화학	일상생활이나 자연현상에 적용되는 물질 세계의 기본 법칙을 다루고, 개인과 사회의 문제를 해결할 때 필요한 화학적 소양과 문제해결력을 기른다.	
		생명과학	생명과학 분야의 기본 개념을 이해하고, 자연과 일상생활에서 접하게 되는 다양한 생명 현상에 대한 의문점들을 과학적이고 창의적으로 해결하는 역량을 함양한다.	
		지구과학	자연과 일상생활에서 접하는 지구와 우주에 관한 현상을 과학적으로 이해하고, 민주 시민으로서 개인과 사회문제를 과학적으로 해결하고 참여·실천하는 역량을 함양한다.	
	진로 선택	역학과 에너지	역학의 기본 법칙을 이해하여 물체의 운동 및 열 현상과 열기관, 탄성파 등에 대해 흥미와 호기심을 갖도록 하며, 물리학 탐구능력과 과학적 태도를 함양하여 자연과 일상생활에서 접하게 되는 물리 현상의 의문점을 해결하는 물리학의 학문적 소양을 기른다.	
		전자기와 양자	전기와 자기의 상호작용, 빛의 성질과 응용, 원자보다 작은 미시세계 등에 대해 흥미와 호기심을 갖도록 하며, 물리학 탐구능력과 과학적 태도를 함양하여 자연과 일상생활에서 접하게 되는 다양한 물리 현상의 의문점을 해결하는 물리학의 학문적 소양을 기른다.	
		물질과 에너지	인류 문명의 발전과 우리 삶의 질 향상에 기여해 온 물질 현상과 에너지의 관계에 포함된 화학 개념과 법칙을 이해하고, 과학적 탐구능력과 태도를 함양하여 개인과 사회의 문제를 과학적이고 창의적으로 해결하고 화학 관련 진로에 필요한 역량을 기른다.	
		화학 반응의 세계	다양한 화학 반응과 관련된 지식과 탐구 방법을 학습함으로써 과학적 탐구능력과 태도를 함양하여 화학 관련 문제를 과학적이고 창의적으로 해결하는 능력을 길러 화학 관련 진로에 필요한 역량을 기른다.	
		세포와 물질대사	생명의 기본 단위인 세포와 생명체에서 일어나는 다양한 생명 현상에 흥미와 호기심을 갖도록 하며, 생명과학 탐구능력과 태도를 함양하여 자연과 일상생활에서 접하는 생명 현상의 의문점을 과학적이고 창의적으로 해결하는 생명과학의 학문적 소양을 기른다.	

과학	진로 선택	생물의 유전	생물의 유전 관련 다양한 생명 현상에 대한 흥미와 호기심을 갖도록 하며, 생명과학 탐구 능력과 태도를 함양하여 자연과 일상생활에서 접하게 되는 다양한 생명 현상에 대한 의문점들을 과학적이고 창의적으로 해결하는 생명과학의 학문적 소양을 기른다.	성취도(5단계) + 석차 등급
		지구시스템 과학	지구시스템의 구성 및 구성 권역들의 상호작용을 이해하고, 지구과학 탐구능력과 태도를 길러 생물권을 포함한 지구시스템 관련 현상을 과학적으로 이해하고, 민주시민으로서 개인과 사회문제를 과학적으로 해결하고 실천하는 역량을 함양한다.	
		행성우주과학	우주탐사와 행성계, 태양과 별의 관측, 은하와 우주 등의 영역을 학습하며 천체 및 우주과학 관련 기본 개념을 이해하고, 지구과학 탐구능력과 태도를 길러 지구 행성계를 포함한 천체와 우주 관련 현상을 과학적으로 이해하고 탐구한다.	
	융합 선택	과학의 역사와 문화	과학의 역사에서 중요한 사건이나 사례를 중심으로, 과학과 사회, 경제, 문화 등의 상호작용을 탐색한다. 이를 통해 과학기술의 발달에 따른 사회문화의 변화를 예측하고, 이 과정에서 발생할 수 있는 다양한 문제를 지혜롭게 해결할 수 있는 역량을 기른다.	성취도(5단계)
		기후변화와 환경생태	과학적 소양을 갖추고 더불어 살아가는 창의적인 사람을 기르기 위해 기후변화가 초래하는 환경과 생태계의 변화를 이해하고, 기후위기에 대응하는 인류의 노력을 탐색한다.	
		융합과학 탐구	디지털 탐구 도구를 활용한 데이터 수집, 분석 및 시각화, 인공지능을 활용한 모델링과 예측, 데이터 시뮬레이션 및 해석 등의 탐구 활동을 경험함으로써 융합적 사고를 바탕으로 일상생활과 사회 속 과학 문제를 해결할 수 있는 능력을 기른다.	
체육	일반 선택	체육1	건강 활동, 전략형 스포츠, 생태형 스포츠 영역을 학습함으로써 생애주기에 따라 건강을 유지 및 증진하고, 타인 및 환경과 상호작용하며 스포츠를 생활화하는 자질을 기른다.	성취도(3단계)
		체육2	체력 운동, 기술형 스포츠, 표현 영역을 심화하여 학습함으로써 과학적 원리와 방법에 따라 체력을 증진하고, 스포츠와 표현 활동의 수행 능력을 함양하여 생활화하는 자질을 기른다.	
	진로 선택	운동과 건강	건강 활동과 체력 운동 영역을 학습함으로써 운동을 바탕으로 건강을 관리하고, 상황과 맥락에 맞는 개인 맞춤형 트레이닝을 통해 체력을 증진하며 운동을 생활화하는 능력을 기른다.	
		스포츠 문화	스포츠 영역에 내재한 문화적 측면을 학습함으로써, 인간이 스포츠 활동 과정에서 축적한 다양한 문화 양식을 이론적, 실제적으로 탐구하고 스포츠 경기와 통합하여 실천할 수 있는 자질을 기른다.	
		스포츠 과학	스포츠 영역에 내재한 과학적 원리를 이론적·실제적으로 학습함으로써 스포츠 현상을 체계적으로 분석하고 효율적으로 실천할 수 있는 자질을 기른다.	
	융합 선택	스포츠 생활1	전략형 스포츠의 영역형 스포츠와 생태형 스포츠의 생활·자연환경형 스포츠를 학습함으로써 스포츠 경기 유형에 적합한 체력을 강화하고, 고도화된 스포츠 경기 수행 능력을 발휘하여 스포츠를 생활화할 수 있는 능력을 기른다.	
		스포츠 생활2	전략형 스포츠 영역의 네트형 스포츠와 필드형 스포츠를 심화하여 학습함으로써 스포츠 경기 유형에 적합한 체력을 강화하고, 고도화된 스포츠 경기 수행 능력을 발휘하여 스포츠를 생활화할 수 있는 능력을 기른다.	
예술	일반 선택	음악	연주, 감상, 창작 등의 음악 활동을 통해 음악적 지식, 기능, 태도, 가치를 여러 영역과 연계·융합하고, 음악적 정체성을 확립하여 공동체의 주체적 음악 향유자로 책임감 있고 성숙한 인간이 되도록 돕는다.	성취도(3단계)
		미술	아이디어의 발상과 매체의 활용을 통해 창작 과정에서 성취를 경험하고, 미술 표현 내용과 형식의 맥락적 이해와 비평 활동을 통해 자신과 공동체를 성찰하며, 새로운 관점에서 질문을 제기하고 대안을 도모하도록 돕는다.	
		연극	일상생활 속 연극 예술을 이해하며 연극을 만들고 감상하는 활동을 통해 연극의 사회적 역할과 가치를 발견하고 자신을 되돌아보는 계기를 제공하며, 나아가 사회현상과 문화를 이해하고 생활속에서 문화적 삶을 즐기는 교양있는 사람으로 성장하도록 돕는다.	
	진로 선택	음악 연주와 창작	연주와 창작 활동을 통하여 음악의 본질과 가치를 경험하고 창의적으로 음악을 표현하는 음악적 능력을 함양하고, 삶 속에서 주체적으로 연주와 창작 활동에 참여하여 문화적으로 다양한 음악을 포용하고 즐길 수 있는 역량과 태도를 형성한다.	
		음악 감상과 비평	생활 속 다양한 음악 감상과 비평 활동을 통하여 음악의 미적·창의적·문화적·사회적 가치와 안목을 넓히고, 음악의 핵심 원리와 개념을 이해하고 연계하여 음악을 감상하고 비평할 수 있는 능력을 함양한다.	

예술	진로 선택	미술 창작	진로나 관심 분야를 미술과 연결하고 작품 제작을 통해 세계와 소통하는 방법을 창조한다. 개인의 관심이나 경험과 연관된 주제를 발상하고, 새로운 매체 표현에 요구되는 표현 기법을 탐구한다.	성취도(3단계)
		미술 감상과 비평	미술 작품의 미적 의미를 탐구하고 작품의 해석과 판단을 통해 미술을 깊이 있게 학습한다. 미술 작품을 양식, 주제, 제작 방식과 표현 기법에 따른 내용과 형식, 사회·문화적 맥락을 살펴보고 작가, 시대, 지역, 사회·문화적 특성의 차이를 발견하고 비평한다.	
	융합 선택	음악과 미디어	미디어와 관련한 음악의 다양한 역할을 경험함으로써 삶에서 주체적인 음악 활용자이자 다양한 사회·문화·산업 등에서의 음악 협력자로 역할을 수행할 수 있는 능력을 기른다.	
		미술과 매체	과거에서 현대까지의 매체를 탐색하고 그 역할을 이해함으로써 매체의 다양성과 융합 가능성을 발견하여, 다양한 매체로 표현된 작품이 시대를 반영한 결과물임을 이해하고 다양한 매체를 탐색하고 창의적으로 활용함으로써 타 분야로 확장하도록 돕는다.	
기술 ·가정 /정보	일반 선택	기술·가정	자기 및 타인 이해의 관점을 전 생애로 확장시켜 가족 및 가족 이외의 다양한 사람들과 공감능력에 기반하여 보다 성숙한 관계로 성장시킬 수 있는 역량을 함양한다. 기술 및 공학에 대한 실천적 학습 경험을 통해 인간이 삶에서 필요한 욕구를 충족하고 기술적 잠재능력을 확대하기 위하여 창의적으로 문제를 해결하는 활동을 제공한다.	성취도(5단계) + 석차 등급
		정보	인공지능으로 정의되는 사회에서 데이터와 정보로 인한 디지털 세상의 변화를 인식하고, 정보의 사회적 가치를 탐구하며, 정보를 처리하는 원리와 기술에 기반한 컴퓨팅 사고력을 바탕으로 실생활 및 다양한 학문 분야의 문제를 해결하는 능력과 태도를 기른다.	
	진로 선택	로봇과 공학세계	과학, 수학, 정보 등 다양한 과목의 기초 지식을 활용하여 기술에 대한 내용과 수준을 심화 확장하고, 융합공학의 사례인 로봇을 이해하고 설계 및 제작하며 로봇 관련 문제를 해결하고, 로봇 관련 공학의 세계에 대한 다양한 진로를 탐색하는 기회를 갖도록 돕니다.	
		생활과학 탐구	인간 행동 및 생활환경에 대한 탐구를 통해 개인 및 사회 공동체의 삶의 질을 향상시키는 생활 역량을 기르며, 생활과학 분야(의, 식, 주, 아동, 가족, 소비자 등)와 생활과학 관련 여러 분야(심리상담 및 복지 분야, 보건 및 간호의료 계열 등)의 진로를 탐색하며, 창업 아이디어를 창출하는 체인지 메이커로서 창의적 역량을 기른다.	
		인공지능 기초	인공지능의 발전에 따른 사회의 변화를 파악하고, 인공지능의 원리를 이해하여 인공지능을 다양한 분야의 문제를 창의적으로 해결하기 위한 핵심 도구로 프로그래밍할 수 있으며, 인공지능의 윤리적 쟁점에 대해 올바른 가치관과 태도를 함양한다.	
		데이터 과학	컴퓨팅 사고력을 기반으로 디지털 사회에서 데이터의 역할 및 잠재적 가치와 데이터 과학에 기반한 문제해결 과정의 중요성을 인식하며, 다양한 분야의 문제를 해결하고 합리적 의사결정을 위한 통찰의 역량을 키운다.	
	융합 선택	창의 공학 설계	공학의 이해, 인류 문명과 공학, 지속가능한 미래공학, 창의 공학 설계와 문제해결 과정 등에 대한 탐구 기회를 갖도록 하며, 창의 공학 설계의 핵심역량인 공학 기초 지식, 공학적 설계, 창의성, 팀워크와 협력적 의사소통 능력을 기르도록 하는 과목이다.	
		지식 재산 일반	발명과 지식재산권에 대한 기초 지식을 바탕으로 지식재산권을 창출·보호 및 활용하는 능력을 기르며, 새로운 분야를 개척하고 도전하는 태도와 새로운 가치를 만들어 내는 창의적 사고력과 비판적 사고력을 함양하며 지식재산권의 중요성과 가치를 인식한다.	
		생애 설계와 자립	청년기 및 성인기로의 학교급 및 인생 전환기에 스스로 삶을 주도하여 자립적으로 삶을 영위하고, 사회공동체와 공존하며 자신의 삶을 가치 있게 설계하는 데 필요한 다양한 주제들을 성찰하여 실생활에서 실천할 수 있는 생활 역량을 기른다.	
		아동발달과 부모	부모됨을 위해서 부모의 성숙이 필요함을 인식하고 부모됨의 선택이 개인의 생애에 끼치는 의의를 인식하며, 아동발달 단계에 따른 아동의 건강한 발달을 지원할 수 있는 돌봄의 역량을 키워, 개인, 가족, 사회가 행복하고 건강한 삶을 영위할 수 있도록 돕는다.	
		소프트웨어와 생활	디지털 사회에서 실생활 및 다양한 학문 분야에 융합되어 새로운 가치를 창출하는 소프트웨어의 가치와 필요성을 인식하고, 직면한 문제를 융합의 관점에서 창의적으로 해결하는 능력을 함양하여 사회에 기여할 수 있는 가치관과 태도를 기른다.	
제2 외국어 /한문	일반 선택	제2외국어	독일어, 프랑스어, 스페인어, 중국어, 일본어, 러시아어, 아랍어, 베트남어 과목이 있으며, 일상생활에서 자주 사용되는 기본 표현을 학습하여 기초적인 의사소통 능력을 함양하고, 각 지역의 사회·문화적 특성을 이해함으로써 세계와 소통하는 민주시민 역량을 함양한다.	성취도(5단계) + 석차 등급

			내용	
제2 외국어 /한문	일반 선택	한문	한문에 대한 지식을 익혀 언어생활과 한문 독해에 활용하며, 한문에 담긴 선인들의 삶과 지혜를 이해하여 미래 사회에 필요한 인성을 함양하고, 전통문화를 소중히 여기고 한자 문화권의 이해와 교류 증진에 참여하는 태도를 기른다.	성취도(5단계) + 석차 등급
	진로 선택	제2외국어 회화	독일어 회화, 프랑스어 회화, 스페인어 회화, 중국어 회화, 일본어 회화, 러시아어 회화, 아랍어 회화, 베트남어 회화 과목이 있으며, 일상생활에서 해당 언어로 소통할 수 있는 듣기와 말하기 능력을 함양한다.	
		심화 제2외국어	심화 독일어, 심화 프랑스어, 심화 스페인어, 심화 중국어, 심화 일본어, 심화 러시아어, 심화 아랍어, 심화 베트남어 과목이 있으며 다양한 매체를 바탕으로 해당 언어권 정보를 검색하고 활용하기 위해 필수적인 독해 능력을 함양한다.	
		한문 고전 읽기	문학, 역사, 사상 자료 가운데 당면한 문제를 해결하는 데 필요한 내용을 학습하여 변화하는 시대에 요구되는 역량과 인성을 갖추고, 우리 문화에 대한 이해를 바탕으로 한자 문화권의 문화를 이해하고 교류 증진에 참여하는 태도를 키운다.	
	융합 선택	제2외국어권 문화	독일어권 문화, 프랑스어권 문화, 스페인어권 문화, 중국 문화, 일본 문화, 러시아 문화, 아랍 문화, 베트남 문화 과목이 있으며, 다양한 주제의 해당 언어권 문화와 삶의 양식을 상호 문화적 관점에서 폭넓게 이해함으로써 포용적 문화 이해 능력을 함양한다.	
		언어생활과 한자	핵심적·필수적 한자 어휘를 익혀 원활하고 협력적인 의사소통 능력을 기름으로써 공감 능력과 공동체 역량을 기른다.	
교양	일반 선택	진로와 직업	삶의 의미와 사회적 기여의 중요성을 이해하고 일생에 걸친 진로 인식과 장단기적인 진로 목표를 설정한다. 이를 위해 진로 탐색, 진로 설계, 진로 관리에 이르는 일련의 과정에 필요한 진로 개발 역량을 함양한다.	P/F (이수 여부)
		생태와 환경	기후변화와 생물다양성 감소 등 인류가 경험하고 있는 환경위기와 지구가 가진 한계에 대한 문제의식을 바탕으로, 지속가능한 사회의 체계와 삶의 양식을 이해하고 실천하는 역량을 기른다.	
	진로 선택	인간과 철학	스스로 질문할 수 있는 능력을 키워서 동서양의 철학적 사유를 이해하되 비판적으로 성찰하고 주체적이고 독창적으로 사유하는 힘을 기른다. 궁극적으로 삶 속에서 스스로 '철학하는 사람'이 되어 가는 과정을 훈련한다.	
		논리와 사고	주장을 뒷받침하기 위한 근거를 검토하고, 증거로부터 추론할 수 있는 가설과 그 추론의 타당성을 따져 본다. 이를 통해 합리적으로 생각하고 판단하는 것을 배운다.	
		인간과 심리	급격한 발달적 변화를 경험하는 청소년기에 자신을 이해하고 개인과 사회를 바라보는 체계적인 시각을 갖추게 하여 타인을 포용하고 능동적으로 문제를 해결해 나갈 수 있는 역량과 태도를 키운다.	
		교육의 이해	교육의 다양한 의미 및 중요성과 가르치고 배우는 활동으로서의 교육, 사회 제도로서의 교육에 대한 이해를 넓히고, 디지털 정보 기술과 인공지능 기술이 열어갈 미래 교육에 능동적으로 대비할 수 있는 지식, 사고 능력 및 태도, 가치관을 함양한다.	
		삶과 종교	다양한 종교에 대한 탐구를 통해 종교의 내용과 의미, 인간과 종교 문화를 이해하고, 종교로부터 얻을 수 있는 삶의 지혜, 종교가 갖는 공적 역할과 책임을 배운다.	
		보건	일상의 건강관리 역량을 키우고 다양한 건강 위험 요인과 변화하는 사회·문화적 환경에 주도적으로 대처하고 지지체계를 탐색하여 건강문제해결 역량을 향상시킨다. 건강자원을 평가하고, 자신과 공동체의 건강을 증진하여 행복한 삶을 영위하도록 돕는다.	
	융합 선택	인간과 경제활동	경제 문제를 개인의 의사 결정에서 출발하여 직업 세계, 경제 공동체, 미래사회로 확장되는 구조로 설계하여, 삶과 생활에 연계된 실용적 지식을 체험 활동 위주로 체득한다.	
		논술	'요약하는 글쓰기, 평가하는 글쓰기, 주장하는 글쓰기' 내용으로 구성하여 민주시민이 갖추어야 할 합리적 의사소통 능력을 키우도록 하였으며, 개별 교과 수업이나 서술형·논술형 평가에서 실제로 활용할 수 있는 내용을 훈련한다.	

고등학교 전문 교과

전문 교과 과목은 특성화 고등학교에서 주로 편성/운영하고, 성취도(5단계) + 석차 등급으로 성적을 처리합니다. **파란색**으로 표시된 과목은 대학수학능력시험 탐구 영역의 직업계 고등학교 출제 과목입니다. 일반 고등학교에서는 필요에 따라 진로 선택 과목으로 편성/운영이 가능하며, 보통 교과 해당 교과(군)의 성적 처리 방법을 따릅니다.

📖 **전문 공통 과목: 성공적인 직업 생활, 노동 인권과 산업 안전 보건, 디지털과 직업 생활**

경영·금융 교과(군)	기준 학과	경영사무과, 세무회계과, 유통과, 금융정보과, 마케팅과
전공 일반		상업 경제, 기업과 경영, 사무 관리, 회계 원리, 회계 정보 처리 시스템, 기업 자원 통합 관리, 세무 일반, 유통 일반, 무역 일반, 무역 영어, 금융 일반, 보험 일반, 마케팅과 광고, 창업 일반, 비즈니스 커뮤니케이션, 전자 상거래 일반
전공 실무		총무, 인사, 노무 관리, 비서, 사무 행정, 예산·자금, 회계 실무, 세무 실무, 유통 관리, 구매 조달, 자재 관리, 공정 관리, 공급망 관리, 품질 관리, 물류 관리, 수출입 관리, 원산지 관리, 창구 사무, 무역 금융 업무, 고객 관리, 전자 상거래 실무, 매장 판매

보건·복지 교과(군)	기준 학과	보육과, 복지과, 간호과
전공 일반		인간 발달, 보육 원리와 보육 교사, 보육 과정, 아동 생활 지도, 아동 복지, 보육 실습, 영유아 교수 방법, 생활 서비스 산업의 이해, 복지 서비스의 기초, 사회 복지 시설의 이해, 공중 보건, 인체 구조와 기능, 간호의 기초, 기초 간호 임상 실무, 보건 간호, 보건 의료 법규, 치과 간호 임상 실무
전공 실무		영유아 건강·안전·영양 지도, 영유아 놀이 지도, 사회 복지 시설 실무, 대인 복지 서비스, 요양 지원

문화·예술·디자인·방송 교과(군)	기준 학과	문화콘텐츠과, 디자인과, 공예과, 방송과
전공 일반		문화 콘텐츠 산업 일반, 미디어 콘텐츠 일반, 영상 제작 기초, 애니메이션 기초, 음악 콘텐츠 제작 기초, 디자인 제도, 디자인 일반, 조형, 색채 일반, 컴퓨터 그래픽, 공예 일반, 공예 재료와 도구, 방송 일반
전공 실무		영화 콘텐츠 제작, 음악 콘텐츠 제작, 광고 콘텐츠 제작, 게임 기획, 게임 디자인, 게임 프로그래밍, 애니메이션 콘텐츠 제작, 만화 콘텐츠 제작, 캐릭터 제작, 스마트 문화 앱 콘텐츠 제작, VR·AR 콘텐츠 제작, 시각 디자인, 제품 디자인, 디지털 디자인, 실내 디자인, 색채 디자인, 편집 디자인, 도자기 공예, 목공예, 금속 공예, 방송 콘텐츠 제작, 방송 제작 시스템 운용

미용 교과(군)	기준 학과	미용과
전공 일반		미용의 기초, 미용 안전·보건
전공 실무		헤어 미용, 피부 미용, 메이크업, 네일 미용

관광·레저 교과(군)	기준 학과	관광과, 레저산업과
전공 일반		관광 일반, 관광 서비스, 관광 영어, 관광 일본어, 관광 중국어, 관광 문화와 자원, 관광 콘텐츠 개발, 전시·컨벤션·이벤트 일반, 레저 서비스 일반
전공 실무		호텔 식음료 서비스 실무, 호텔 객실 서비스 실무, 국내 여행 서비스 실무, 국외 여행 서비스 실무, 전시·컨벤션·이벤트 실무, 카지노 서비스 실무

식품·조리 교과(군)	기준 학과	조리과, 식음료과, 식품가공과, 제과제빵과
전공 일반		식품과 영양, 기초 조리, 디저트 조리, 식음료 기초, 식품 과학, 식품 위생, 식품 가공 기술, 식품 분석
전공 실무		한식 조리, 양식 조리, 중식 조리, 일식 조리, 바리스타, 바텐더, 식공간 연출, 수산 식품 가공, 축산 식품 가공, 유제품 가공, 건강 기능 식품 가공, 김치·반찬 가공, 음료·주류 가공, 식품 품질 관리, 떡 제조, 제과, 제빵

건축·토목 교과(군)	기준 학과	건축과, 건축인테리어과, 토목과, 공간정보과, 스마트시티과
전공 일반		공업 일반, 기초 제도, 건축 일반, 건축 기초 실습, 건축 도면 해석과 제도, 토목 일반, 토목 도면 해석과 제도, 건설 재료, 역학 기초, 토질·수리, 측량 기초, 드론 기초, 스마트 시티 기초, 건물 정보 관리 기초
전공 실무		철근 콘크리트 시공, 건축 목공 시공, 건축 마감 시공, 건축 도장 시공, 건축 설계, 토목 설계, 토목 시공, 지적, 측량, 공간 정보 구축, 공간 정보 융합 서비스, 소형 무인기 운용·조종, 국토 도시 계획, 교통 계획·설계, 주거 서비스

기계 교과(군)	기준 학과	기계과, 공조산업, 설비과, 자동차과, 조선과, 항공과
전공 일반		기계 제도, 기계 기초 공작, 전자 기계 이론, 기계 일반, 자동차 일반, 기계 기초 역학, 냉동 공조 일반, 유체 기계, 산업 설비, 자동차 기관, 자동차 섀시, 자동차 전기·전자 제어, 선박 이론, 선박 구조, 선박 건조, 선체 도면 독도와 제도, 항공기 일반, 항공기 실무 기초
전공 실무		기계요소 설계, 기계 제어 설계, 선반 가공, 밀링 가공, 연삭 가공, 컴퓨터 활용 생산, 측정, 성형 가공, 특수 가공, 기계 수동 조립, 기계 소프트웨어 개발, 운반 하역 기계 설치·정비, 건설 광산 기계 설치·정비, 공작 기계 설치·정비, 승강기 설치·정비, 오토바이 정비, 자전거 정비, 사출 금형 설계, 사출 금형 제작, 사출 금형 품질 관리, 사출 금형 조립, 프레스 금형 설계, 프레스 금형 제작, 프레스 금형 품질 관리, 프레스 금형 조립, 배관 시공, 냉동 공조 설계, 냉동 공조 유지 보수 관리, 보일러 설치·정비, 판금·제관, 피복 아크 용접, 이산화탄소·가스 메탈 아크 용접, 가스 텅스텐 아크 용접, 로봇 용접, 보일러 장치 설치, 냉동 공조 장치 설치, 자동차 전기·전자 장치 정비, 자동차 엔진 정비, 자동차 섀시 정비, 자동차 차체 정비, 자동차 도장, 자동차 정비 검사, 자동차 튜닝, 선체 조립, 전장 생산, 선체 생산 설계, 항공기 기체 제작, 항공기 전기·전자 장비 제작, 항공기 기체 정비, 항공기 가스 터빈 엔진 정비, 항공기 왕복 엔진 정비, 항공기 계통 정비, 항공기 전기·전자 장비 정비, 소형 무인기 정비, 항공기 정비 관리

재료 교과(군)		기준 학과	금속재료과, 세라믹과
전공 일반			재료 일반, 재료 시험, 세라믹 재료, 세라믹 원리·공정
전공 실무			제선, 제강, 압연, 주조, 금속 재료 가공, 금속 열처리, 도금, 금속 재료 신뢰성 시험, 도자기, 탄소 재료, 용융 세라믹 제조
화학 공업 교과(군)		기준 학과	화학공업과, 바이오화학공업과, 에너지화학공업과
전공 일반			공업 화학, 제조 화학, 스마트 공정 제어, 화공 플랜트 기계, 화공 플랜트 전기, 바이오 기초 화학, 에너지 공업 기초, 에너지 화공 소재 생산
전공 실무			화학 분석, 화학 물질 관리, 화학 공정 유지 운영, 기능성 정밀 화학 제품 제조, 고분자 제품 제조, 바이오 의약품 제조, 바이오 화학 제품 제조, 화장품 제조, 에너지 설비 유틸리티, 신재생 에너지 실무
섬유·의류 교과(군)		기준 학과	섬유과, 의류과
전공 일반			섬유 재료, 섬유 공정, 염색·가공 기초, 패션 소재, 패션 디자인의 기초, 의복 구성의 기초, 편물, 패션 마케팅
전공 실무			텍스타일 디자인, 방적·방사, 제포, 염색·가공, 패션 디자인의 실제, 패턴 메이킹, 서양 의복 구성과 생산, 니트 의류 생산, 한국 의복 구성과 생산, 패션 소품 디자인과 생산, 패션 상품 유통 관리, 비주얼 머천다이징
전기·전자 교과(군)		기준 학과	전기과, 전자과
전공 일반			전기 회로, 전기 기기, 전기 설비, 자동화 설비, 전기·전자 일반, 전자 회로, 전기·전자 측정, 디지털 논리 회로, 전자 제어
전공 실무			발전 설비 운영, 송·변전 배전 설비 운영, 전기 기기 설계, 전기 기기 제작, 전기 기기 유지 보수, 전기 설비 운영, 내선 공사, 외선 공사, 자동 제어 기기 제작, 자동 제어 시스템 유지 정비, 자동 제어 시스템 운영, 전기 철도 시공, 전기 철도 시설물 유지 보수, 철도 신호 제어 시공, 전자 제품 생산, 전자 부품 생산, 전자 제품 설치 정비, 가전 기기 시스템 소프트웨어 개발, 가전 기기 하드웨어 개발, 가전 기기·기구 개발, 산업용 전자 기기 하드웨어 개발, 산업용 전자 기기·기구 개발, 산업용 전자 기기 소프트웨어 개발, 정보 통신 기기 하드웨어 개발, 정보 통신 기기 소프트웨어 개발, 전자 응용 기기 하드웨어 개발, 전자 응용 기기 기구 개발, 전자 응용 기기 소프트웨어 개발, 전자 부품 기구 개발, 반도체 개발, 반도체 제조, 반도체 장비, 반도체 재료, 디스플레이 생산, 로봇 하드웨어 설계, 로봇 기구 개발, 로봇 소프트웨어 개발, 로봇 지능 개발, 로봇 유지 보수, 의료 기기 연구 개발, 의료 기기 인허가, 의료 기기 생산, LED 기술 개발, 3D 프린터 개발, 3D 프린터용 제품 제작
정보·통신 교과(군)		기준 학과	통신과, 정보컴퓨터과, 소프트웨어과
전공 일반			통신 일반, 통신 시스템, 정보 통신, 정보 처리와 관리, 컴퓨터 구조, 프로그래밍, 자료 구조, 알고리즘 설계, 컴퓨터 시스템 일반, 컴퓨터 네트워크, 인공지능 일반, 사물 인터넷과 센서 제어
전공 실무			네트워크 구축, 유선 통신 구축·운용, 무선 통신 구축·운용, 초고속망 서비스 관리 운용, 응용 프로그래밍 개발, 응용 프로그래밍 화면 구현, 시스템 프로그래밍, 데이터베이스 프로그래밍, 네트워크 프로그래밍, 시스템 관리 및 지원, 빅 데이터 분석, 인공지능 모델링, 정보 보호 관리, 컴퓨터 보안, 사물 인터넷 서비스 기획
환경·안전·소방 교과(군)		기준 학과	환경과, 산업안전과, 소방과
전공 일반			인간과 환경, 환경 화학 기초, 환경 기술, 환경과 생태, 산업 안전 보건 기초, 소방 기초, 소방 법규, 소방 건축, 소방 기계, 소방 전기
전공 실무			대기 관리, 수질 관리, 폐기물 관리, 소음 진동 관리, 토양·지하수 관리, 환경 유해 관리, 환경 생태 복원 관리, 기계 안전 관리, 전기 안전 관리, 건설 안전 관리, 화공 안전 관리, 가스 안전 관리, 소방 시설 설계, 소방 시설 공사, 소방 안전 관리
농림·축산 교과(군)		기준 학과	농업과, 원예과, 산림자원과, 조경과, 동물자원과, 농업기계과, 농업토목과
전공 일반			농업 이해, 농업 기초 기술, 농업 경영, 재배, 농산물 유통, 농산물 거래, 관광 농업, 친환경 농업, 생명 공학 기술, 농업 정보 관리, 농업 창업 일반, 원예, 생산 자재, 조경 식물 관리, 화훼 장식 기초, 산림 휴양, 산림 자원, 임산 가공, 조림, 조경, 동물 자원, 반려동물 관리, 곤충 산업 일반, 농업 기계, 농업 기계 공작, 농업 기계 운전 작업, 농업용 전기·전자, 농업 토목 제도·설계, 농업 토목 시공·측량, 농업 생산 환경 일반
전공 실무			수도작 재배, 전특작 재배, 육종, 종자 생산, 농촌 체험 상품 개발, 농촌 체험 시설 운영, 스마트 팜 운영, 채소 재배, 과수 재배, 화훼 재배, 화훼 장식, 버섯 재배, 임업 종묘, 산림 조성, 산림 보호, 임산물 생산, 목재 가공, 펄프·종이 제조, 조경 설계, 조경 시공, 조경 관리, 종축, 수의 보조, 애완동물 미용, 젖소 사육, 돼지 사육, 가금 사육, 한우 사육, 말 사육, 곤충 사육, 농업용 기계 설치·정비, 농업 생산 환경 조성
수산·해운 교과(군)		기준 학과	해양생산과, 수산양식과, 해양레저과, 항해과, 기관과
전공 일반			해양의 이해, 수산·해운 산업 기초, 해양 생산 일반, 해양 오염·방제, 전자 통신 운용, 어선 전문, 수산 일반, 수산 생물, 수산 양식 일반, 수산 경영, 수산물 유통, 양식 생물 질병, 관상 생물 기초, 수산 해양 창업, 활어 취급 일반, 해양 레저 관광, 요트 조종, 잠수 기술, 항해 기초, 해사 일반, 해사 법규, 선박 운용, 선화 운송, 항만 물류 일반, 해사 영어, 항해사 직무, 열기관, 선박 보조 기계, 선박 전기·전자, 기관 실무 기초, 기관 직무 일반
전공 실무			근해 어업, 원양 어업, 해면 양식, 수산 종묘 생산, 내수면 양식, 수산 질병 관리, 수상 레저 기구 조종, 일반 잠수, 산업 잠수, 어촌 체험 상품 개발, 어촌 체험 시설 운영, 선박 통신, 선박 갑판 관리, 선박 운항 관리, 선박 안전 관리, 선박 기기 운용, 기관사 직무, 선박 기관 정비, 선박 보조 기계 정비
융복합·지식 재산 교과(군)		기준 학과	스마트공장과, 발명특허과
전공 일반			스마트 공장 일반, 스마트 공장 운용, 스마트 공장 설계와 구축, 발명·특허 기초, 발명과 기업가 정신, 발명과 디자인, 발명과 메이커
전공 실무			스마트 설비 실무, 특허 정보 조사·분석, 특허 출원의 실제, 지식 재산 관리

출처: 국가교육과정정보센터

고등학교 교육과정 편제표 해석하기

아래 표는 고등학교의 교육과정 편제표 예시입니다. 교육과정 편제표를 보면 고등학교 3개년 동안 배울 수 있는 과목을 확인할 수 있습니다. 다만, 교육과정 편제표의 형식은 학교마다 다르니 참고 자료로만 활용하시기 바랍니다.

📖 교육과정 편제표 보는 법

- ▶ **운영 학점**: 1학년 1학기 '공통국어1' 과목에 표시된 '운영 학점 4'는 일주일에 4시간의 수업을 진행한다는 의미입니다.
- ▶ **㉠은 학교 지정 과목입니다.** 학교 지정 과목은 학교별로 차이가 있으나 공통 과목과 수능 출제 과목을 고려하여 학교가 지정할 수 있습니다.
- ▶ **㉡은 학생 선택 과목입니다.** [택 4]라고 되어 있는 것은 4개 과목을 선택한다는 의미입니다.
- ▶ 이 학교는 1학년 때 공통 과목 중심으로 29학점을 지정하였고, 2학년과 3학년 1학기까지 수능 출제 과목 중심으로 학기별로 12~14학점을 지정하고 학생 선택으로 15~17학점을 이수하도록 하였습니다.

구분	1-1 과목명	1-1 운영학점	1-2 과목명	1-2 운영학점	2-1 과목명	2-1 운영학점	2-2 과목명	2-2 운영학점	3-1 과목명	3-1 운영학점	3-2 과목명	3-2 운영학점	이수학점
㉠ 학교 지정 과목	공통국어1	4	공통국어2	3	문학	4	화법과 언어	4	독서와 작문	3	독서 토론과 글쓰기	4	
	공통수학1	3	공통수학2	4	대수	4	미적분Ⅰ	4	확률과 통계	4	실용 통계	3	
	공통영어1	3	공통영어2	3	영어Ⅰ	4	영어Ⅱ	4	영어 독해와 작문	3	심화 영어 독해와 작문	3	
	한국사1	3	한국사2	3	스포츠 생활1	2	스포츠 생활2	2	운동과 건강	2	스포츠 과학	2	
	통합사회1	3	통합사회2	3									
	통합과학1	4	통합과학2	4									
	과학탐구실험1	1	과학탐구실험2	1									
	체육1	2	체육2	2									
	음악	3	미술	3									
	로봇과 공학세계	3	정보	3									
	계	29	계	29	계	14	계	14	계	12	계	12	110
㉡ 학생 선택 과목					주제 탐구 독서		주제 탐구 독서		언어생활 탐구		문학과 영상		
					영미 문학 읽기		미디어 영어		심화 영어		세계 문화와 영어		
					경제 수학		기하		미적분Ⅱ		경제 수학		
							인공지능수학		인공지능수학				
					세계시민과 지리		도시의 미래 탐구		한국지리 탐구		기후변화와 지속가능한 세계		
					법과 사회		사회와 문화		경제		사회문제 탐구		
					현대사회와 윤리	3 [택4]	윤리와 사상	3 [택4]	정치		윤리문제 탐구		
					역사로 탐구하는 현대 세계		세계사		인문학과 윤리		역사로 탐구하는 현대 세계		
					물리학		역학과 에너지		동아시아 역사 기행	3 [택4]	과학의 역사와 문화	3 [택4]	
					화학		물질과 에너지		전자기와 양자		기후변화와 환경생태		
					생명과학		세포와 물질대사		화학 반응의 세계		융합과학 탐구		
					지구과학		지구시스템과학		생물의 유전				
									행성우주과학		스포츠 경기 체력		
					기초 체육 전공 실기		스포츠 경기 기술		물리학 실험				
					음악 연주와 창작		음악과 문화		화학 실험				
					미술과 매체		미술 전공 실기		생명과학 실험				
									지구과학 실험				
									심화 체육 전공 실기				
									미술 창작		미술 감상과 비평		
									음악 감상과 비평	2 [택1]	음악과 미디어	2 [택1]	
									연극		연극		
					인공지능 기초		데이터 과학		논술		논리와 사고		
					일본어	3 [택1]	일본어 회화	3 [택1]	생태와 환경	3 [택1]	인간과 심리	3 [택1]	
					중국어		중국어 회화		일본 문화		심화 일본어		
									중국 문화		심화 중국어		
	계		계		계	15	계	15	계	17	계	17	64
	29학점		29학점		29학점		29학점		29학점		29학점		174
창의적 체험활동	이수 학점	3	이수 학점	3	이수 학점	3	이수 학점	3	이수 학점	3	이수 학점	3	18
	교과+창체 32학점		교과+창체 32학점		교과+창체 32학점		교과+창체 32학점		교과+창체 32학점		교과+창체 32학점		192

고등학교 교과 성적 산출

고등학교에서는 과목별 성적 산출 방법이 다릅니다. 대부분 절대 평가와 상대 평가를 병행하고, 절대 평가만 하는 과목도 있습니다. 과목을 선택할 때 성적 산출 방법을 참고하여 자신만의 교육과정을 만들고, 이에 따라 과목별 학습 관리 계획을 세워 봅시다.

📖 교과별 성적 산출 및 대학 제공 정보

구분	절대 평가		상대 평가	통계 정보		
	원점수	성취도	석차 등급	성취도별 분포 비율	과목 평균	수강자 수
보통 교과	○	A·B·C·D·E	5등급	○	○	○
사회·과학 융합 선택	○	A·B·C·D·E	–	○	○	○
체육·예술/ 과학탐구실험	–	A·B·C	–	–	–	–
교양	–	P	–	–	–	–
전문 교과	○	A·B·C·D·E	5등급	○	○	○

📖 상대 평가: 내신 5등급제 등급 구간

등급	1등급	2등급	3등급	4등급	5등급
등급별 비율(%)	10	24	32	24	10
누적(%)	10	34	66	90	100

📖 절대 평가 5단계 성취도

성취도	A	B	C	D	E
성취율(%)	90 이상	90 미만~80 이상	80 미만~70 이상	70 미만~60 이상	60 미만~40 이상

📖 절대 평가 3단계 성취도

성취도	A	B	C
성취율(%)	80 이상	80 미만~60 이상	60 미만~40 이상

▼ 최소성취수준 보장 보충 지도

과목 이수 기준 미도달 학생을 대상으로 과목 이수 지원을 위해 보충 지도 실시

과목 이수 기준	학업 성취율 40% 이상, 과목 출석률 2/3 이상 교양 과목은 출석률만 적용
성취율 40% 이상 출석률 2/3 이상	이수
성취율 40% 미만 출석률 2/3 미만	미이수 → 최소성취수준 보장 학습 지원 프로그램 참여 및 평가를 통해 과목 이수 가능

출처: 교육부, 〈미래 사회를 대비하는 2028 대학입시제도 개편 확정안〉, 2023.
교육부·한국교육과정평가원, 《2024 고교학점제 운영 안내서》, 2024.

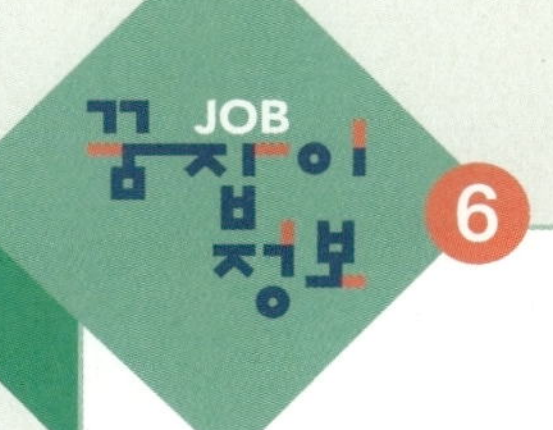

우리나라 대학의 전공 계열과 주요 학과

우리나라 대학은 다음의 일곱 계열로 구분되며, 전공 계열에 따라 요구하는 적성과 흥미, 진출 분야가 다릅니다. 내가 희망하는 계열과 분야의 주요 학과를 확인합시다.

※ 계열 구분은 기관, 분류 기준에 따라 다를 수 있습니다

계열	분야	주요 학과
인문 계열	**인문과학:** 인간의 사상 및 문화를 공부하며, 다양한 문화를 깊고 넓게 공부하기 위해 고급 외국어 실력이 필요합니다.	역사학, 철학, 종교학, 문화인류학, 고고미술사학, 심리학, 문헌정보학 등
	문학·언어학: 읽기, 쓰기, 듣기, 말하기 등 언어를 자유롭게 구사하는 능력을 키우고 해당 언어권의 문화를 깊이 있게 공부합니다.	국어국문학, 동양어학, 서양어학, 영어영문학, 언어학, 국제언어문화학, 한국어문화학 등
사회 계열	**경영학·경제학:** 기업이나 조직의 효율적인 운영을 위한 전략을 연구하는 분야와 개인이나 조직이 여러 매체를 통하여 대중에게 정보를 전달하는 광고 활동을 연구하는 분야가 있습니다.	경영학, 경제학, 세무학, 무역유통학, 관광경영학, 호텔경영학, 회계학, 언론홍보학, 신문방송학 등
	사회과학: 인간 관계에서 일어나는 사회현상과 인간의 사회적 행동을 탐구합니다.	사회복지학, 통계학, 아동학, 지리학 등
	법학·행정학: 법률이 지배하는 사회현상을 연구하는 분야와 국가의 운영과 관리 방법을 연구하는 분야가 있습니다.	법학, 행정학, 정치외교학, 경찰행정학, 공공인재법학 등
교육 계열	유치원, 초등학교, 중·고등학교, 특수학교의 교원에게 필요한 교수학습 방법에 대한 전문 지식을 습득합니다.	국어교육학, 영어교육학, 사회교육학, 윤리교육학, 수학교육학, 과학교육학, 교육학, 체육교육학, 음악교육학, 미술교육학, 초등교육학 등
자연 계열	**농림학·수산학:** 작물, 산림, 수산물의 생산·관리·이용·보전 등과 관련한 지식을 습득합니다.	농업생명과학, 산림학, 수산학, 해양학, 동물자원학, 식물자원학, 동물생명공학 등
	생활과학: 식품 영양, 식품 조리 등을 연구하는 식품영양학과 섬유 및 의복에 대해 연구하는 의상학 전공이 있습니다.	식품영양학, 의류학, 의류산업학, 조리학 등
	자연과학: 자연의 현상을 관찰하고 그 법칙을 연구합니다.	수학, 물리학, 천문우주학, 화학, 생명과학 등
공학 계열	**건축공학·환경공학:** 수학, 물리, 화학, 생명과학의 기초 과학을 기반으로 실생활과 산업에 활용되는 기술을 개발하는 능력을 키웁니다.	건축학, 건축공학, 토목공학, 환경공학 등
	산업공학·재료공학: 인간, 물자, 정보, 설비 및 기술을 종합하는 시스템을 개선하는 분야와 산업공학과 공업 재료의 제조 및 성질을 연구하는 분야가 있습니다.	산업공학, 에너지공학, 재료공학, 화학공학, 생물공학 등
	기계공학·전자공학·컴퓨터공학: 수학, 물리, 화학, 컴퓨터 과목을 기반으로 실생활과 산업에 필요한 기술과 기계를 개발하고 연구합니다.	기계공학, 자동차공학, 조선해양공학, 전자공학, 항공우주공학, 컴퓨터공학, 전기공학 등
의약 보건 계열	**의학:** 사람과 동물의 신체 구조와 질병의 예방 및 치료 방법을 연구하며 봉사 정신과 사명감을 갖춘 인재가 되기 위해 수련합니다.	의예, 수의예, 한의예, 치의예 등
	간호·보건학: 인간의 건강 증진과 질병의 진단·경과·치료 효과 및 예후 등을 판단하는 데 필요한 여러 학문을 연구합니다.	간호학, 임상병리학, 약학, 물리치료학, 응급구조학, 재활치료학, 치위생학, 언어치료학, 보건관리학 등
예체능 계열	**예술학:** 아름다움을 창조하고 표현하기 위한 이론적 지식을 쌓고 실기 능력 및 예술 작품에 대한 감상 능력을 키웁니다.	국악, 기악, 성악, 실용음악, 산업디자인학, 만화애니메이션학, 연극영화학, 사진학, 무용학 등
	체육학: 운동, 스포츠 및 신체 활동과 관련된 인간 움직임에 대한 전반적인 연구와 실기 능력을 배양합니다.	스포츠산업경영학, 스포츠안전관리학, 사회체육학, 스포츠의료학, 건강관리학 등

대학 계열별 고교 선택 과목 추천

고교 추천 선택 과목을 일곱 가지 전공 계열에 따라 구분하여 제시하였습니다. 이 자료에서 안내하는 계열별 추천 선택 과목은 하나의 예시 자료일 뿐이며, 나의 진로와 상황에 맞게 예시와 다른 과목을 선택할 수도 있습니다. 또한 실제 대학의 학과는 매우 다양하며, 대학마다 전공 과목이 조금씩 다르고, 최근에는 무전공 모집이라고 불리는 전공 자율선택제 등으로 대학 진학 후까지 학생들의 진로 변경 가능성을 열어 두는 대학이 증가하고 있습니다. 따라서 과목 선택은 성적이나 학교의 상황에 따라서, 혹은 진학하고자 하는 대학의 특성에 따라 선택해야 합니다.

계열	분야		고교 선택 과목 추천
인문 계열	인문과학	일반 선택	화법과 언어, 독서와 작문, 문학, 대수, 미적분 I , 확률과 통계, 영어 I , 영어 II , 영어 독해와 작문, 세계시민과 지리, 세계사, 사회와 문화, 현대사회와 윤리
		진로 선택	주제 탐구 독서, 문학과 영상, 영미 문학 읽기, 한국지리 탐구, 도시의 미래 탐구, 동아시아 역사 기행, 윤리와 사상, 인문학과 윤리, 국제 관계의 이해, 인간과 철학, 논리와 사고, 인간과 심리, 삶과 종교
		융합 선택	독서 토론과 글쓰기, 매체 의사소통, 수학과 문화, 세계 문화와 영어, 여행지리, 역사로 탐구하는 현대 세계, 윤리문제 탐구, 논술
	문학 · 언어학	일반 선택	화법과 언어, 독서와 작문, 문학, 대수, 미적분 I , 확률과 통계, 영어 I , 영어 II , 영어 독해와 작문, 제2외국어, 한문
		진로 선택	직무 의사소통, 영어 발표와 토론, 심화 영어, 심화 영어 독해와 작문, 제2외국어 회화, 심화 제2외국어, 한문 고전 읽기
		융합 선택	독서 토론과 글쓰기, 매체 의사소통, 언어생활 탐구, 세계 문화와 영어, 제2외국어권 문화, 언어생활과 한자
사회 계열	경영학 · 경제학	일반 선택	화법과 언어, 독서와 작문, 문학, 대수, 미적분 I , 확률과 통계, 영어 I , 영어 II , 세계시민과 지리, 세계사, 사회와 문화
		진로 선택	영어 발표와 토론, 직무 영어, 기하, 미적분 II , 경제 수학, 한국지리 탐구, 도시의 미래 탐구, 정치, 법과 사회, 경제, 국제 관계의 이해
		융합 선택	실용 통계, 실생활 영어 회화, 금융과 경제생활, 인간과 경제활동
	사회과학	일반 선택	화법과 언어, 독서와 작문, 문학, 대수, 미적분 I , 확률과 통계, 영어 I , 영어 II , 세계시민과 지리, 세계사, 사회와 문화, 현대 사회와 윤리, 기술·가정, 생태와 환경
		진로 선택	문학과 영상, 한국지리 탐구, 도시의 미래 탐구, 정치, 법과 사회, 국제 관계의 이해, 생활과학 탐구, 인간과 철학, 인간과 심리, 삶과 종교, 보건
		융합 선택	매체 의사소통, 언어생활 탐구, 실생활 영어 회화, 미디어 영어, 세계 문화와 영어, 여행지리, 생애 설계와 자립, 아동발달과 부모
	법학 · 행정학	일반 선택	화법과 언어, 독서와 작문, 문학, 대수, 미적분 I , 확률과 통계, 영어 I , 영어 II , 사회와 문화, 현대사회와 윤리, 기술·가정, 생태와 환경
		진로 선택	도시의 미래 탐구, 정치, 법과 사회, 경제, 윤리와 사상, 인간과 철학, 논리와 사고, 인간과 심리, 삶과 종교, 보건
		융합 선택	독서 토론과 글쓰기, 사회문제 탐구, 금융과 경제생활, 윤리문제 탐구, 기후변화와 환경생태
교육 계열		일반 선택	화법과 언어, 독서와 작문, 문학, 대수, 미적분 I , 확률과 통계, 영어 I , 영어 II , 현대 사회와 윤리, 물리학, 화학, 생명과학, 지구과학
		진로 선택	직무 의사소통, 인간과 철학, 인간과 심리, 교육의 미래
		융합 선택	생애 설계와 자립, 아동발달과 부모

계열	분야		고교 선택 과목 추천
자연 계열	농림학 · 수산학	일반 선택	화법과 언어, 독서와 작문, 문학, 대수, 미적분Ⅰ, 확률과 통계, 영어Ⅰ, 영어Ⅱ, 물리학, 화학, 생명과학, 지구과학, 생태와 환경
		진로 선택	세포와 물질대사, 생물의 유전, 지구시스템과학
		융합 선택	기후변화와 지속가능한 세계, 기후변화와 환경생태
	생활과학	일반 선택	화법과 언어, 독서와 작문, 문학, 대수, 미적분Ⅰ, 확률과 통계, 영어Ⅰ, 영어Ⅱ, 사회와 문화, 물리학, 화학, 생명과학, 지구과학, 기술·가정
		진로 선택	생활과학 탐구, 인간과 심리, 삶과 종교, 보건
		융합 선택	생애 설계와 자립, 아동발달과 부모
	자연과학	일반 선택	화법과 언어, 독서와 작문, 문학, 대수, 미적분Ⅰ, 확률과 통계, 영어Ⅰ, 영어Ⅱ, 물리학, 화학, 생명과학, 지구과학, 생태와 환경
		진로 선택	역학과 에너지, 전자기와 양자, 물질과 에너지, 화학 반응의 세계, 세포와 물질대사, 생물의 유전, 지구시스템과학, 행성우주과학, 논리와 사고
		융합 선택	과학의 역사와 문화, 기후변화와 환경생태, 융합과학 탐구
공학 계열	건축공학 · 환경공학	일반 선택	화법과 언어, 독서와 작문, 문학, 대수, 미적분Ⅰ, 확률과 통계, 영어Ⅰ, 영어Ⅱ, 사회와 문화, 물리학, 화학, 생명과학, 지구과학, 기술·가정, 생태와 환경
		진로 선택	기하, 미적분Ⅱ, 한국지리 탐구, 도시의 미래 탐구, 법과 사회, 역학과 에너지, 전자기와 양자, 물질과 에너지, 화학 반응의 세계, 지구시스템과학, 로봇과 공학세계
		융합 선택	여행지리, 사회문제 탐구, 기후변화와 지속가능한 세계, 기후변화와 환경생태, 융합과학 탐구, 창의 공학 설계
	산업공학 · 재료공학	일반 선택	화법과 언어, 독서와 작문, 문학, 대수, 미적분Ⅰ, 확률과 통계, 영어Ⅰ, 영어Ⅱ, 물리학, 화학, 생명과학, 지구과학, 기술·가정, 정보, 생태와 환경
		진로 선택	기하, 미적분Ⅱ, 인공지능 수학, 도시의 미래 탐구, 역학과 에너지, 전자기와 양자, 물질과 에너지, 화학 반응의 세계, 세포와 물질대사, 생물의 유전, 지구시스템과학, 행성우주과학, 로봇과 공학세계, 인공지능 기초, 데이터 과학
		융합 선택	기후변화와 지속가능한 세계, 융합과학 탐구, 창의 공학 설계, 지식 재산 일반, 소프트웨어와 생활
	기계공학 · 전자공학 · 컴퓨터공학	일반 선택	화법과 언어, 독서와 작문, 문학, 대수, 미적분Ⅰ, 확률과 통계, 영어Ⅰ, 영어Ⅱ, 물리학, 화학, 생명과학, 지구과학, 기술·가정, 정보
		진로 선택	기하, 미적분Ⅱ, 인공지능 수학, 도시의 미래 탐구, 역학과 에너지, 전자기와 양자, 물질과 에너지, 지구시스템과학, 행성우주과학, 로봇과 공학세계, 인공지능 기초, 데이터 과학
		융합 선택	융합과학 탐구, 창의 공학 설계, 지식 재산 일반, 소프트웨어와 생활
의약 보건 계열	의학	일반 선택	화법과 언어, 독서와 작문, 문학, 대수, 미적분Ⅰ, 확률과 통계, 영어Ⅰ, 영어Ⅱ, 현대사회와 윤리, 물리학, 화학, 생명과학, 지구과학
		진로 선택	심화 영어, 법과 사회, 세포와 물질대사, 생물의 유전, 운동과 건강, 스포츠 문화, 스포츠 과학, 인간과 심리, 보건
		융합 선택	윤리문제 탐구, 스포츠 생활1, 스포츠 생활2
	간호 · 보건학	일반 선택	화법과 언어, 독서와 작문, 문학, 대수, 미적분Ⅰ, 확률과 통계, 영어Ⅰ, 영어Ⅱ, 현대사회와 윤리, 물리학, 화학, 생명과학, 지구과학
		진로 선택	심화 영어, 법과 사회, 세포와 물질대사, 생물의 유전, 운동과 건강, 스포츠 문화, 스포츠 과학, 인간과 심리, 보건
		융합 선택	스포츠 생활1, 스포츠 생활2

계열	분야		고교 선택 과목 추천
예체능 계열	예술학	일반 선택	화법과 언어, 독서와 작문, 문학, 대수, 미적분Ⅰ, 확률과 통계, 영어Ⅰ, 영어Ⅱ, 사회와 문화, 음악, 미술, 연극
		진로 선택	문학과 영상, 영미 문학 읽기, 동아시아 역사 기행, 음악 연주와 창작, 음악 감상과 비평, 미술 창작, 미술 감상과 비평
		융합 선택	과학의 역사와 문화, 음악과 미디어, 미술과 매체, 제2외국어권 문화
	체육학	일반 선택	화법과 언어, 독서와 작문, 문학, 대수, 미적분Ⅰ, 확률과 통계, 영어Ⅰ, 영어Ⅱ, 체육1, 체육2
		진로 선택	역학과 에너지, 물질과 에너지, 세포와 물질대사, 운동과 건강, 스포츠 문화, 스포츠 과학, 보건
		융합 선택	스포츠 생활1, 스포츠 생활2

성공하는 고교 생활의 핵심 TIP

나의 진로와 적성에 따라 다양한 과목을 선택하여 고교 3개년 학업 설계를 마쳤다면, 이제는 적극적으로 학업을 수행해야 합니다. 중학교 시험은 과목과 분량이 많지 않고 난이도가 높지 않아 시험 기간에만 공부해도 충분히 좋은 성적이 나왔습니다. 고등학교 시험은 학습 범위가 넓고, 고른 내신 등급 분포를 고려하여 난이도 높은 문제 유형이 출제됩니다. 대학수학능력시험 역시 개념과 원리, 법칙을 파악해 이를 문제 해결에 적용하는 능력이 있어야 해결할 수 있는 유형의 문제가 출제됩니다. 그뿐만 아니라 고등학교 3개년 동안의 학교생활 및 학습 수준이 곧 대입의 결과를 좌우하므로 교과, 비교과, 대학수학능력시험 어느 것 하나라도 소홀히 해서는 안 됩니다. 그러므로 1학년 때부터 스스로 효율적인 시간 활용 습관을 기르고, 입시 및 학습의 중요한 일정을 점검하여 시기별로 어떤 활동을 해야 하는지 계획을 세워 실천하는 것이 성공하는 고교 생활의 핵심이라고 할 수 있습니다.

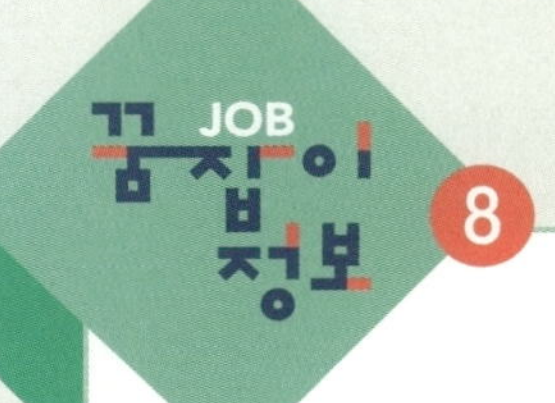

학생의 전공 선택권을 확대하는 전공자율선택제

전공자율선택제는 학생이 전공을 정하지 않고 입학하여 다양한 학문 분야를 탐색한 후, 2학년에 올라갈 때 전공을 선택하는 제도입니다. 학생들이 대학 재학 중 다양한 경험을 통해 기초 소양과 핵심 역량을 갖춘 융합형 인재로 성장할 수 있습니다.

📖 전공자율선택제의 의미

> 대학 신입생이 전공을 정하지 않고 입학한 뒤 대학의 체계적인 지원 하에서
> 진로를 탐색하고 2학년에 올라갈 때 전공을 자유롭게 선택하는 제도

📖 전공자율선택제 선발 유형

유형 1 통합 모집

- 자유전공학부 등으로 입학한 뒤 2학년 때 의대, 사범대 등 특수학과를 제외하고 모든 전공을 고를 수 있음.
- 학생의 전공 100% 자율 선택을 보장함.
  (예 자유전공학부 등)

유형 2 계열 모집

- 계열이나 단과대 단위로 입학한 뒤 해당 계열이나 단과대 내에서 전공을 고를 수 있음.
- 100% 전공 자율 선택 또는 학과 정원의 150% 이상 범위 내 선택을 보장함.
  (예 인문 계열, 공학 계열, 자연과학대학 등)

📖 전공자율선택제의 활용

	BEFORE		AFTER
대학 입학 전, 꿈과 전공을 정하지 못한 학생	"열심히 입시 준비를 해 왔지만, 아직 나에게 맞는 전공이 무엇인지 모르겠어. 나의 진로와 전공을 탐색할 시간이 필요해."	▶	"자유전공학부로 입학해서, 대학에서 꿈을 찾아 나에게 맞는 전공을 선택해야겠어."
대학 입학 후, 꿈과 전공이 달라 다른 전공을 공부하고 싶은 학생	"전공을 막상 공부해 보니, 나와는 맞지 않는 것 같아. 전과나 복수 전공을 하려니 내 학점으로는 부족한데... 반수를 해야 하나..."	▶	"전공자율선택제 덕에 전과나 복수 전공 요건이 완화되었네! 반수할 필요 없이 우리 학교에서 나에게 맞는 다른 전공을 공부하면 되겠어!"
꿈을 이루기 위해 무엇을 어떻게 준비해야 할지 모르는 학생	"난 펀드매니저가 되고 싶은데, 어디서부터 어떻게 준비해야 할지, 무슨 수업이 도움이 될지 모르겠어. 너무 막막해."	▶	"전공자율선택제 덕에 현직에 계신 선배님들과 지도 교수님이 내 꿈을 이루기 위해 도움이 되는 강의와 대외 활동을 추천해 주셨어. 나도 열심히 준비해야겠어!"
다양한 분야를 공부하며 융합 역량을 키우고 싶은 학생	"난 스마트팜 전문가가 되기 위해 농업학, 공학, 생물학 등 다양한 분야를 두루 공부하고 싶은데... 가능할까?"	▶	"자기설계전공제도를 통해 내 꿈을 이루기 위해 필요한 다양한 분야를 두루 공부할 수 있겠어. 또 학교에서 기초 소양 수업들을 제공해 주니 융합 역량을 키우는 데 큰 도움이 돼!"

출처: 교육부, 〈내 꿈에 맞추는 나의 전공, 전공자율선택제〉, 2024.

대입 전형의 이해

대입 전형이란 대학에서 학생을 선발하는 방법으로, 학생 선발 시 평가하는 전형 요소, 반영 비율, 선발 단계 등 일련의 절차를 의미합니다. 대입 전형은 모집 시기에 따라 크게 수시·정시·추가 모집으로 나뉘며, 자격 기준에 따라 일반 전형과 특별 전형으로 나뉩니다. 수시 모집의 경우 전형 방법에 따라 학생부교과전형, 학생부종합전형, 논술전형, 실기/실적전형 등이 있습니다. 고등학교 1학년 때부터 내가 가고자 하는 대학의 입학 요강을 미리 살펴보고, 어떤 전형들이 있는지, 나에게 어떤 전형이 유리한지 판단하고 준비하는 것이 필요합니다.

📖 모집 시기에 따른 구분

전형명	지원 횟수	설명
수시 모집	4년제 대학 6회 제한 (특수 목적대, 전문대, 산업대 제외)	• 9~12월에 대학이 자율적으로 기간과 모집 인원을 정해 선발하는 방식이다. • 학교 성적, 서류(학교생활기록부), 대학별 고사(논술, 면접) 등으로 신입생을 선발하며, 수능 최저 학력 기준을 활용하기도 한다. • 수시 모집의 최종 합격자는 등록 여부에 관계 없이 정시 모집에 지원할 수 없고, 수시 모집에 미달된 모집 단위의 경우 정시 모집 또는 추가 모집으로 이월하여 선발하게 된다.
정시 모집	4년제 대학 3회 제한 (특수 목적대, 전문대, 산업대 제외)	• 수시 모집 이후 정해진 기간 동안 신입생을 선발하는 방식으로 주로 수학능력시험 성적을 중심으로 선발한다. • 수능 성적 발표 이후 모집군(가군, 나군, 다군)을 정하여 선발하는데, 각 군별로 한 번씩 총 세 번의 지원 기회가 주어진다.
추가 모집	횟수 제한 없음.	• 정시 모집이 종료된 이후 모집 단위에 결원이 발생할 경우 3월 학기 시작 이전에 추가적으로 실시하는 전형이다.

📖 전형별 주요 전형 요소

전형 유형		주요 전형 요소
수시 모집	학교생활기록부 교과전형	• 교과 성적을 주요 전형 요소로 평가 • 서류 평가(일부) • 수능 최저 학력 기준(일부)
	학교생활기록부 종합전형	• 입학사정관 등이 참여하며, 학교생활기록부를 중심으로 교과, 비교과, 면접 등을 종합하여 평가 • 수능 최저 학력 기준(일부)
	논술전형	• 논술 고사 등 • 교과 성적(일부) • 수능 최저 학력 기준(일부)
	실기/실적전형	• 실기 고사 등(특기 등 증빙 자료 활용 가능)
정시 모집	대학수학능력시험 전형	• 대학수학능력시험 • 교과 역량(일부) • 서류 평가(일부)
	실기/실적전형	• 실기 고사 등(특기 등 증빙 자료 활용 가능)

학생부종합전형 공통 평가 요소 및 항목

대학 입시에서 학생부종합전형은 학생의 학업 능력뿐만 아니라 개인의 소질, 잠재력, 발전 가능성 등을 종합적으로 평가하고자 정성적인 평가 요소를 설정하여 반영합니다. 학생부종합전형 공통 평가 요소는 면접 평가가 아닌 서류 평가를 목적으로 하며, 평가 요소를 미리 확인하면 고등학교 과목 선택과 학교생활 계획서를 작성하는 데 참고가 될 수 있습니다. 다만 각 대학의 학생부종합전형 평가 요소 및 항목은 아래 제시된 내용과 차이가 있을 수 있으니 자신이 희망하는 대학의 정확한 평가 방법을 확인하는 것이 필요합니다.

학생부종합전형 평가 요소

학업 역량
대학 교육을 충실히 이수하는 데
필요한 수학 능력

\+

진로 역량
자신의 진로와 전공(계열)에
관한 탐색 노력과 준비 정도

\+

공동체 역량
공동체의 일원으로서 갖춰야
할 바람직한 사고와 행동

📖 학업 역량

평가 항목	정의	세부 평가 내용
학업 성취도	고교 교육과정에서 이수한 교과의 성취 수준이나 학업 발전의 정도	• 대학 수학에 필요한 기본 교과목(예 국어, 수학, 영어, 사회/과학 등)의 교과 성적은 적절한가? 그 외 교과목(예 예술·체육, 기술·가정/정보, 제2외국어/한문, 교양 등)의 교과 성적은 어느 정도인가? 유난히 소홀한 과목이 있는가? • 학기별/학년별 성적의 추이는 어떠한가?
학업 태도	학업을 수행하고 학습해 나가려는 의지와 노력	• 성취 동기와 목표 의식을 가지고 자발적으로 학습하려는 의지가 있는가? • 새로운 지식을 획득하기 위해 자기 주도적으로 노력하고 있는가? • 교과 수업에 적극적으로 참여해 수업 내용을 이해하려는 태도와 열정이 있는가?
탐구력	지적 호기심을 바탕으로 사물과 현상에 대해 탐구하고, 문제를 해결하려는 노력	• 교과와 각종 탐구활동 등을 통해 지식을 확장하려고 노력하고 있는가? • 교과와 각종 탐구활동에서 구체적인 성과를 보이고 있는가? • 교내 활동에서 학문에 대한 열의와 지적 관심이 드러나고 있는가?

📖 진로 역량

평가 항목	정의	세부 평가 내용
전공(계열) 관련 교과 이수 노력	고교 교육과정에서 전공(계열)에 필요한 과목을 선택하여 이수한 정도	• 전공(계열)과 관련된 과목을 적절하게 선택하고, 이수한 과목은 얼마나 되는가? • 전공(계열)과 관련된 과목을 이수하기 위하여 추가적인 노력을 하였는가?(예 공동교육과정, 온라인 수업, 소인수 과목 등) • 선택 과목(일반/진로)은 교과목 학습 단계(위계)에 따라 이수하였는가?
전공(계열) 관련 교과 성취도	고교 교육과정에서 전공(계열)에 필요한 과목을 수강하고 취득한 학업 성취 수준	• 전공(계열)과 관련된 과목의 석차 등급/성취도, 원점수, 평균, 표준 편차, 이수 단위, 수강자 수, 성취도별 분포 비율 등을 종합적으로 고려한 성취 수준은 적절한가? • 전공(계열)과 관련된 동일 교과 내 일반 선택 과목 대비 진로 선택 과목의 성취 수준은 어떠한가?
진로 탐색 활동과 경험	자신의 진로를 탐색하는 과정에서 이루어진 활동이나 경험 및 노력 정도	• 자신의 관심 분야나 흥미와 관련한 다양한 활동에 참여하여 노력한 경험이 있는가? • 교과 활동이나 창의적 체험 활동에서 전공(계열)에 대한 관심을 가지고 탐색한 경험이 있는가?

📖 공동체 역량

평가 항목	정의	세부 평가 내용
협업과 소통 능력	공동체의 목표를 달성하기 위해 협력하며, 구성원들과 합리적인 의사소통을 할 수 있는 능력	• 단체 활동 과정에서 서로 돕고 함께 행동하는 모습이 보이는가? • 구성원들과 협력을 통하여 공동의 과제를 수행하고 완성한 경험이 있는가? • 타인의 의견에 공감하고 수용하는 태도를 보이며, 자신의 정보와 생각을 잘 전달하는가?
나눔과 배려	상대방을 존중하고 이해하여 원만한 관계를 형성하며, 타인을 위하여 기꺼이 나누어 주고자 하는 태도와 행동	• 학교생활 속에서 나눔을 실천하고 생활화한 경험이 있는가? • 타인을 위하여 양보하거나 배려를 실천한 구체적 경험이 있는가? • 상대를 이해하고 존중하는 노력을 기울이고 있는가?
성실성과 규칙 준수	책임감을 바탕으로 자신의 의무를 다하고, 공동체의 기본 윤리와 원칙을 준수하는 태도	• 교내 활동에서 자신이 맡은 역할에 최선을 다하려고 노력한 경험이 있는가? • 자신이 속한 공동체가 정한 규칙과 규정을 준수하고 있는가?
리더십	공동체의 목표 달성을 위해 구성원들의 상호작용을 이끌어 가는 능력	• 공동체의 목표를 달성하기 위해 계획하고 실행을 주도한 경험이 있는가? • 구성원들의 인정과 신뢰를 바탕으로 참여를 이끌어 내고 조율한 경험이 있는가?

출처: 경희대학교 입학처, 《NEW 학생부종합전형 공통 평가요소 및 평가항목_5개 대학 공동연구》, 2020.

이 자료는 2021년 건국대·경희대·연세대·중앙대·한국외대에서 공동 연구한 자료를 기반으로 구성한 것으로, 2022 개정 교육과정에 따른 과목 편제와 일부 차이가 있을 수 있습니다. 진학을 희망하는 대학이 발간하는 최신 자료를 꼭 확인하여야 합니다.

| 집필진 |

문미경 선생님
장안고등학교 진로전담교사
경기도 중등진로교육연구회 회장
한국진로교육학회 이사
2015 개정 교육과정 중·고등학교 《진로와 직업》 집필
2022 개정 교육과정 중학교 《진로와 직업》 집필
《실전! 고교학점제 따라잡기》 집필

김수정 선생님
서연고등학교 진로전담교사
2022 개정 교육과정 고등학교 《진로와 직업》 집필
《실전! 고교학점제 따라잡기》 집필

나만의 커리어 디자인
고교학점제 워크북
고등용

초판발행　2025년 1월 10일

지 은 이　문미경, 김수정
펴 낸 이　이미래
펴 낸 곳　(주)씨마스
주　　소　서울특별시 강서구 강서로33가길 78 씨마스빌딩
등록번호　제301호-2011-214호
내용문의　02)2274-1590~2 | 팩스 02)2278-6702

편　　집　강민아, 김정미, 박영지
디 자 인　이미라

홈페이지　www.cmass.kr | **이메일**　cmass@cmass21.co.kr
이 책에 대한 의견이나 잘못된 내용에 대한 수정 정보는 씨마스 홈페이지나 이메일로 알려 주시기 바랍니다.
잘못된 책은 구매처 또는 본사에서 교환해 드립니다.